新时代投资新趋势

艾略特波浪理论
精华笔记图文版

［美］拉尔夫·纳尔逊·艾略特（Ralph Nelson Elliott） 著
诸葛金融 编译

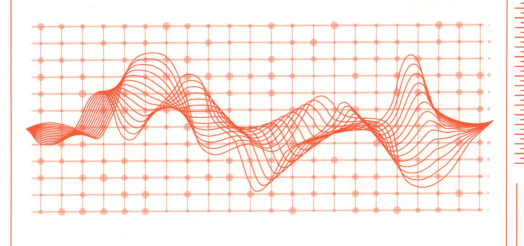

清华大学出版社
北京

内 容 简 介

艾略特波浪理论是金融市场技术分析的主要理论之一。该理论在道氏理论的基础上，通过识别特定价格模式，分析市场的周期循环并预测未来的价格运动，具有极强的实战性。1946 年，艾略特亲自整理并出版了最后的著作——《自然法则——宇宙的奥秘》。该书是艾略特自己的波浪理论，也是本中文译本的英文原著。

艾略特自己的波浪理论言简意赅，从"帮助投资者在市场中获利"出发，解读了波浪理论的三个核心要点：波浪理论的底层逻辑、金融市场价格行为的表象，以及投资者如何利用波浪理论在市场中获利。任何一名试图学会、用好波浪理论的读者，都应该仔细阅读艾略特自己的波浪理论，彻底打破繁杂技术细节导致的藩篱，从而掌握波浪理论真正的"工具意义"。

全书译文准确，解读专业，图文并茂、实战性强，适合 A 股、期货、外汇等市场的投资者，并可以作为机构内部培训的教材。

本书封面贴有清华大学出版社防伪标签，无标签者不得销售。
版权所有，侵权必究。举报：010-62782989，beiqinquan@tup.tsinghua.edu.cn。

图书在版编目（CIP）数据

艾略特波浪理论：精华笔记图文版 /（美）拉尔夫·纳尔逊·艾略特（Ralph Nelson Elliott）著；诸葛金融编译. -- 北京：清华大学出版社，2025.4.
(新时代·投资新趋势). -- ISBN 978-7-302-68861-7
Ⅰ. F830.91
中国国家版本馆 CIP 数据核字第 2025ES9187 号

责任编辑：刘　洋
封面设计：徐　超
版式设计：张　姿
责任校对：王荣静
责任印制：刘　菲

出版发行：清华大学出版社
网　　址：https://www.tup.com.cn，https://www.wqxuetang.com
地　　址：北京清华大学学研大厦 A 座　　邮　编：100084
社 总 机：010-83470000　　邮　购：010-62786544
投稿与读者服务：010-62776969，c-service@tup.tsinghua.edu.cn
质 量 反 馈：010-62772015，zhiliang@tup.tsinghua.edu.cn
印 装 者：三河市东方印刷有限公司
经　　销：全国新华书店
开　　本：170mm×240mm　　印　张：12.75　　字　数：174 千字
版　　次：2025 年 6 月第 1 版　　印　次：2025 年 6 月第 1 次印刷
定　　价：69.00 元

产品编号：111904-01

总序
FOREWORD

华尔街没有新鲜事

100多年前,新大陆的美国从一个边缘的新兴国家,逐渐崛起为世界第一经济强国。在这个过程中,华尔街主导的美国证券市场在大国崛起红利的催生下,野蛮生长。20世纪初叶,作为新兴市场的美国股市,华尔街充斥着各种类型的投资者和形形色色的投机者。他们在大开大合的市场中充分博弈,股市毫无悬念地暴涨暴跌。新兴的美国与老欧洲不一样,新大陆充满了乐观的冒险精神。暴涨暴跌的股市丝毫没有影响公众的参与热情,很多社会精英人士也纷纷入场。

·华尔街三大经典理论

当时美国的精英人士,普遍拥有批判思维,并信奉科学主义。一些精英人士经过市场的捶打后,无论是源于"好研究"的科学精神,还是出于"获大利"的自私动机,开始以科学的方式研究股市,以期能够"解释过去和预测未来"。由此,华尔街诞生了三大经典理论,分别是道氏理论、艾略特波浪理论和江恩时空理论。

道氏理论是金融市场的奠基之作,怎么强调都不过分。罗伯特·雷亚的《道氏理论》是个体投资者版的道氏理论,是所有投资者的枕边书。作为一名成功的个体投资者,雷亚在《道氏理论》中阐述了金融市场价格运动的理论框架、宏观经济与金融市场的相互关系,以及个体投资者的交易手法。

如果说道氏理论以定性的方式描述、解释和预测股市的价格运动，艾略特波浪理论则是在道氏理论的基础上，试图以定量的方式描述纯粹的价格运动，并做出精确的解释和预测。因此，如果一名个体投资者既熟悉道氏理论，又略知艾略特波浪理论，将获得巨大的"工具优势"，通常能够相对精确地判断价格运动的轮廓，以及各种类型的价格拐点。

江恩时空理论是一种玄妙又精准的"神秘操盘术"，其中的只言片语往往都能够成为个体投资者的"独门绝技"。江恩在有生之年，并没有公开自己的时空理论，而是以"股市投资大师课"的形式闭门传授。多年以后，唯有当年课程的原始教材才能传道解惑。事实上，江恩勤于笔耕，他的著作堪称投机交易的百科全书。任何一名没有成见的投资者，在认真阅读过江恩的原著后，都会收获颇丰。

· 华尔街真的没有新鲜事

在三大经典理论的加持下，华尔街的内部人士重新诠释了华尔街最著名的一句话——"华尔街没有新鲜事"。

在华尔街内部人士看来，这句名言有两层意义。第一层是公众熟悉的老生常谈——华尔街没有新鲜事，因为投机交易像群山一样古老。这是《股票作手回忆录》开篇的第一句话，因华尔街大作手杰西·利佛摩尔的传奇故事而广为人知。但是，这层意义流于表面，是普通投资者人云亦云的正确废话（注：投机交易领域有大量的正确废话。这些正确的废话是普通投资者成长路上的毒鸡汤。）。第二层则是，华尔街的内部人士都知晓一个常识——三大理论已经破解了投机交易的秘密，华尔街真的没有新鲜事了。换句话说，看似古老的三大经典理论就跟群山一样，过去有效，现在有效，未来依然有效。

· 华尔街进入计算机时代

20世纪晚期，华尔街进入了计算机时代。在金融市场的技术分析领域，传统的纸质数据和纸质图表实现了即时性的电子化，全世界的投资者几乎同时看见完全一样的电子数据和电子图表；而计算机远超人类的数据处理能力，促使技术指标和 K 线图得到了广泛使用。

这是一个全新的交易时代，华尔街三大经典理论依然不动如山。新时代是个体投资者的福音，因为计算机技术大大降低了普通人学习和使用三大经典理论的门槛。任何一款交易软件中，基于三大经典理论的"工具包"随处可见。例如，"多品种叠加"对应了道氏理论的"相互验证"；"波浪尺"对应了艾略特波浪理论的斐波纳契数列；至于江恩时空理论，通常都专门开发了"江恩分析系统"。

需要注意的是，三大经典理论的共同点是趋势。技术指标是基于价格运动的"价、时、量"的数学处理，可以视为特殊的图表，其主要目的是为了过滤价格运动的杂讯，更好展示趋势特征，具有相对的确定性和滞后性。K 线图是单位时间内重要价格的图形化，直观展示了多空双方的博弈过程和结果，能够最早提示趋势变化的信号。

·投资 A 股的正确认知

A 股既不是所谓的"赌场"，也不是"伪价值投资者"的乐园。A 股如同百年前的美国股市一样，是一个大国证券市场的新兴阶段。以全球金融史的记录为参照，A 股不是一个例外的市场，而是一个中规中矩的市场，完全遵循证券市场的运行规律。

牛熊循环是金融市场的基本规律，股市通常几年都会出现一轮中等规模以上的牛熊循环。因此，任何一个人在其有生之年，都会经历三次以上的牛市，而三次正确的牛市操作，足以改变命运。但是，金融市场高收益的另一面是高风险，一次错误的熊市操作，同样也会导致巨额亏损。

江恩认为，投机交易（注：这里的投机交易是指在金融市场，试图通过买卖证券而获利的行为。）是一门有利可图的生意。在商业领域，任何一种低门槛的生意都意味着低成功率，成功者都需要掌握正确的专业知识和专业技能，以及一些运气。看似"零门槛"的股市投资，成功者更需要专业的学习和训练。

·A 股投资者的"学—练—悟"

交易是投资者与市场的互动，正确的互动赚钱，错误的互动亏钱。因此，投资者需要学习三种知识，练成三个技能，以及建立一个信仰，这就是投资者的"学—练—悟"。

三种知识包括：①市场价格运动的模式和规律，以便解释和预测市场的价格运动，即通常意义的技术分析。②投资者与市场互动的交易行为，也称交易手法。这是投资者主动管控账户资金曲线的专业知识。③如何学习前两种知识，并把两种知识融会贯通，进而形成专业技能的知识，即训练方法。

三个技能包括：①读图技能，基于技术分析的知识，熟练分析价格运动和识别交易机会的能力。②选股技能，基于市场的阶段性特征，综合个股的技术面和基本面，筛选出强势股的能力。③交易技能，基于交易手法的知识，理性拟订和执行交易计划的能力。

对于 A 股的投资者来说，译者建议采用以下方法，快速完成"学—练—悟"。

首先要掌握 A 股的炒股软件，这是"学—练—悟"的工具。读者可以参阅《通达信公式编写》，快速从交易视角掌握 A 股的炒股软件。

交易进入计算机时代后，裸 K 线交易法成为了当代个体交易者的主流技术。读者可以参阅《裸 K 线技术分析与交易》，掌握要"学"的三种知识。

《炒股入门》以场景化的形式，复原了交易训练营的具体方法，是"练"三个技能的执行手册。

由于交易本质上是风险与收益的互换，存在巨大的不确定性。投资者即便学得认真，练得刻苦，实战中难免依旧心有惶恐，因此还得"悟"。"悟"就是反复阅读华尔街的三大经典理论，彻底熟悉市场的正常状态，以及可能的极端情形，从而坚信华尔街真的没有新鲜事。

诸葛金融

译者序
FOREWORD

艾略特自己的波浪理论

20世纪30年代，一位已届花甲之年的美国退休老人，把自己全部的注意力转向了研究金融市场的价格行为，他就是创建了波浪理论的拉尔夫·纳尔逊·艾略特（R.N.Elliott，1871—1948）。波浪理论是金融市场的经典技术分析理论，人们为了纪念艾略特的非凡贡献，将其命名为"艾略特波浪理论"。

由于波浪理论能够精确解释和预测金融市场的价格运动，加上艾略特多次重要的预测均获得了市场的验证，波浪理论很快就成为华尔街的显学。波浪理论随后在技术细节上有了充分的发展，以期能够完美包容股市的所有价格运动。

但是，艾略特很快就清晰地意识到，市场总有一些价格运动存在多解性。波浪理论过于细化的技术细节非但不能减少技术分析的多解性，反而大大增加了其在预测中的分歧，出现了"千人千浪"的结果。

晚年的艾略特认为，"完美的波浪理论"是金融市场理论研究的歧途，波浪理论的研究，应该也必须回归初心——帮助投资者在市场中获利！因此，艾略特正本清源，亲手整理并出版了自己的波浪理论——《自然法则——宇宙的奥秘》。该书于1946年出版，也是本书中文译本的英文原著。

与其他关于艾略特波浪理论的图书不一样——那类图书通篇充斥着大量繁杂的技术细节——艾略特自己的波浪理论言简意赅，从"帮助投资者在市场中获利"出发，解读了波浪理论的三个核心要点。

第一，波浪理论的底层逻辑。

金融市场的投资结果都是时间的产物。个体投资者无论是逆天改命，还是阶层跃迁，都需要熬过一段时间的不确定性。艾略特用大量的篇幅，反复向读者阐述波浪理论的底层逻辑，以期帮助投资者坚定投资行为的理论信仰，熬过艰难的不确定性，最终获得基于正确知识的投资回报。

艾略特用大量的证据表明，人类活动必然会遵循自然法则，而自然法则的核心就是循环和斐波纳契数列。金融市场的投资行为是最典型的人类活动，也必然遵循循环和斐波纳契数列，即波浪理论。

第二，金融市场价格行为的表象。

金融市场的价格行为是所有投资者投资行为的表象，表现为模式、时间和比率三个特征。三个特征在体现循环的同时，均能观察到斐波纳契数列。

第三，投资者如何利用波浪理论在市场中获利。

艾略特首先强调，波浪理论的工具意义在于"择时"，"何时买（卖）"远比"买（卖）什么"更重要。接下来，艾略特毫无保留地公开了大师级的看盘经验，即熊市底部和牛市顶部的盘面特征。这里，艾略特其实采用了"相互验证"的底层逻辑，提醒投资者需要将波浪理论的预测结论与市场的真实走势进行相互验证。

解决了"择时"问题后，艾略特再一次毫无保留地公开了自己的"选股"规则，并给出了当时的"股票池"。读者按图索骥，将获得丰厚的投资回报。

当然，艾略特在自己的波浪理论中，并不排斥波浪理论的"宏大叙事"，即人类活动动辄十年、数十年的长周期发展规律。尽管这些内容远离普通投资者的实际投资行为，但是，人类社会曲折向上发展的结论，必然会坚定普通投资者长期投资的信仰。

基于上述理由，译者真诚地建议：任何一名试图学习波浪理论的读者，都应该仔细阅读艾略特自己的波浪理论，彻底打破繁杂技术细节导致的藩篱，从而掌握波浪理论真正的"工具意义"。

另外值得一提的是，译者在本书中还惊喜地发现了艾略特留给后人的"彩蛋"——艾略特公开了一种短线交易使用的图表和制图方法。译者采用通达信公式编写的方式复原了"艾略特短线交易指标"。任何一名有经验的交易者都能一眼看出该指标的实战意义。

最后，祝读者学有所悟，投资顺利！

诸葛金融

术语说明
GLOSSARY

图形（*Diagram，Graph*）——通常用于描述不含坐标的图。由于在描述波浪形态的时候，大量使用折线的形式示意，有时在转折点标明时间或者指数点位。这类图在本书中通常译为图形。

图表（*Chart*）——通常用于描述带有横坐标和纵坐标的图，如18章制图法。

模式（*Pattern*）——波浪的模式是艾略特先生通过观察人类活动，依据自然法则所作出的个人贡献。艾略特先生对此很珍视，参见21章。

小浪（*Minor*）——本书对于小浪级，大部分只画出了图形，并没有使用数字或者字母标识。这种方式便于读者辨认中浪里的3—3—5或者5—3—5等内部结构。有的图形也会使用1，2，3，4，5和a、b、c表示小浪。

中浪（*Intermediate*）——本书对于上涨趋势的中浪通常使用1，2，3，4，5和A、B、C来表示。若图形对小级别的浪进行了标识时，也可以用①、②、③、④、⑤和Ⓐ、Ⓑ、Ⓒ表示中浪。

大浪（*Major*）——本书对于上涨趋势的大浪通常使用①、②、③、④、⑤表示，对应地，上涨趋势的调整用Ⓐ、Ⓑ、Ⓒ表示。需要说明的是，本书在讲解波浪的级别时，艾略特先生没有提及他先前定义的九级波浪（注：尤其最小级别的3个浪级Minute、Minuette、Subminuette，在不同的译稿版本被译作不同的词汇。本书在提到Minute时，译为"极小浪"）。另外，从实战的角度，在利用波浪理论做技术分析时，本书的标记方式可以让交易者无须记忆过多复杂的标识符号。要记得，模式总是在形成的过程中，简单的符号便于在实战时使用以及修正。

驱动浪（*Impulse*）——通常指的是市场运动的主要趋势方向的波浪，驱动浪通常由 5 浪组成。

调整浪（*Correction*）——在牛市摆动中，调整浪是向下或者横向的；在熊市摆动中，调整浪是向上或者横向的。调整浪通常由 3 浪组成。

锯齿形（*Zigzag*）——调整浪的一种类型，主要描述了调整浪的 3 浪结构中 A 浪和 C 浪的内部结构对称的情形。例如，A 浪是小 5 浪，则 C 浪也是小 5 浪；若 A 浪是 5—3—5，则 C 浪也是 5—3—5。

平台形（*Flat*）——调整浪的一种类型，主要描述了调整浪的 3 浪结构中，A 浪和 C 浪的内部结构不对称的情形。如 A 浪是小 3 浪，则 C 浪是小 5 浪；若 A 浪是 5—3—5 结构，则 C 浪还是小 5 浪；极端情况的平台形，A 浪是小 3 浪，而 C 浪可能走出 5—3—5—3—5 结构。

单 3 浪（*Single 3*）——横向调整浪的一种基础形式，由 3 个浪组成。

双重 3 浪（*Double 3*）——横向调整浪的一种基础形式，由 7 个浪组成。

三重 3 浪（*Triple 3*）——横向调整浪的一种基础形式，由 11 个浪组成。

三角形（*Triangle*）——调整浪的一种特殊类型，由 5 浪组成。在大规模的三角形中，5 浪的每一浪都由 3 浪组成；而小规模的三角形，5 浪中的每一浪可能是 1 浪。

冲刺（*Thrust*）——三角形的第 5 浪结束后的运动，称为"冲刺"。

倒置（*Inverted*）——通常用于描述下降趋势，呈现与上涨趋势相反的图形。

延展浪（*Extension*）——延展浪是指一轮牛市中，浪 1、浪 3 或者浪 5 任意一个浪出现的延长，且只有一个浪会是延展浪。如第 3 浪是延展浪时，第 1 浪和第 5 浪不会出现延展浪。

不规则顶（*Irregular Top*）——当延展浪出现在第 5 浪时的一种特殊情形，通常伴随双重回撤（*Double Retraced*）。小罗伯特·普莱切特曾在《艾略特波浪理论：市场行为的关键》一书中对此概念进行挑战，但他从未否认艾略特先生创造波浪理论这一伟大成就，且致力于推广波浪理论应用于实战。

交替（*Alternation*）——用于形容轮流出现的自然现象，如牛市与熊市的交替。

刻度（*Scale*）——特指图表的横坐标和纵坐标的刻度。以日线图表为例，算术刻度（*Arithmetic Scale*）的图表，其横坐标（只含交易日）和纵坐标的刻度是等距的。而半对数刻度（*Semi-log Scale*）的图表，其横坐标还是交易日的数据，而纵坐标是对数。

膨胀（*Inflation*）——用于形容超过了"自然的极限"（*Natural Limits*）的自然现象。如在算术刻度图表上，市场实际走势的纵坐标数值超过了辅助线（按照基线方向作出的平行线）指示的位置。

本书对于下列人士非常重要

证券和商品期货的交易者、投资者、经纪人、市场技术专家、银行家、商业管理人士、经济学家、信托相关人员等。

※※※

对艺术感兴趣的参看第 16 页;植物学家参看第 17 和第 154 页;埃及文化研究者参看第 10、第 14 和第 148 页;发明家参看第 110 和第 111 页;数学家参看第 10、第 17、第 86、第 89 和第 149 页;哲学家参看第 3 页;内科医生参看第 162 页;心理学家参看第 10 和第 70 页;金字塔研究者参看第 10、第 14、第 86、第 148 和第 173 页;毕达哥拉斯的研究者参看第 10、第 14、第 116~169 页;动态对称研究者参看第 14~21 页。

目录
CONTENTS

引言
自然的节奏 / 001

01 第 1 章
吉萨大金字塔 / 009

02 第 2 章
自然法则 / 013

各种各样的观察结果 / 020

03 第 3 章
人类活动 / 023

04 第 4 章
人类活动的特征 / 027

模式 / 028

05 第 5 章
调整浪 / 031

锯齿形 / 033

平台形 / 035

复杂的调整浪 / 038

三角形 / 044

06 第 6 章
延展浪 / 051

延展浪中的延展浪 / 054

调整浪的放大 / 059

横向运动 / 061

07 第 7 章
不规则顶 / 063

08 第 8 章
交替 / 069

09 第 9 章
刻度 / 073

半对数和算术 / 074

目录

10 第 10 章
实例 / 079

11 第 11 章
13 年的三角形 / 085

时间因素 / 086

图形 / 089

细节描述 / 090

12 第 12 章
膨胀 / 097

13 第 13 章
黄金价格 / 105

下面的图形 / 106

14 第 14 章
专利 / 109

15 第 15 章
技术特征 / 113

16 第 16 章
道琼斯铁路价格平均指数 / 117

17 第 17 章
消息的价值 / 123

18 第 18 章
制图法 / 129

用线段描述日线价格范围 / 131

小时线的记录 / 132

制图纸 / 132

周线价格范围 / 133

月线价格范围 / 133

19 第 19 章
投资的时机 / 141

20 第 20 章
交易品种的选择 / 143

前面建议的总结 / 145

目录

21 第 21 章
金字塔的符号，以及它们是如何被发现的 /

比例尺 / 149

22 第 22 章
运动规律 / 151

23 第 23 章
大萧条 / 157

24 第 24 章
个体的情绪循环 / 161

25 第 25 章
毕达哥拉斯 / 165

26 第 26 章
杂项 / 171

| 27 | 第 27 章
1942—1945 年的大牛市 / 175 |

| 180 | 回顾与总结 |

| 182 | 参考文献 |

| 183 | 波浪理论提供三种服务 |

引言
自然的节奏

📖 导读笔记

1. 艾略特通过观察大量的市场数据，发现了股市的内在规律，即他所谓的自然法则——波浪理论。毕竟股市是人创造的，人类活动也符合自然的规则。

2. 利用自然法则来解释世界，属于科学的思维方式。

人类借用数学工具来认识客观存在的世界。万事万物都有其存在的规律，而人类发现这些客观规律的过程很漫长。

举个例子，牛顿在1687年出版的《自然哲学的数学原理》一书中首先提出了万有引力定律，但公式中的引力常量G由于数值太小，直到1798年才被卡文迪许测量得出。之后的上百年时间，科学家们使用不同的实验工具和实验方法不断提高G值的精度。

3. 道氏理论和波浪理论是技术分析的重要基础理论。

1900年至1902年间，查尔斯·道在《华尔街日报》上撰写的一些评论文章，是他自己对市场理论的唯一阐述。1922年，汉密尔顿在《股市晴雨表》一书中，详细阐述了前同事查尔斯·道的道氏理论。20世纪30年代，艾略特首次发现了可以用波浪理论来描述和预测股市价格运动，并致力于进一步推广，最终在1946年完成了这本《自然法则——宇宙的奥秘》。

4. 在观察市场的方法层面，道氏理论和波浪理论是不同的。

此外，投资者利用波浪理论的数学工具，在一定程度上可以预测市场可能到达的点位。这是成熟的投资者学习波浪理论的关键出发点之一。投资者通过研习艾略特本人的著作，可以更好地理解波浪理论的哲学原理。

总的来说，投资者在实战中用好波浪理论，难度要大于道氏理论。

引言　自然的节奏

没有任何真理能够超越宇宙的法则。不言而喻，没有法则，一切都是没有任何意义的混沌。航海、化学、航空学、建筑学，以及一般事务性工作，无论是有生命的还是没有生命的，都受宇宙法则的制约，因为自然本身就是按照这个法则运行的。宇宙法则的特征就是永恒的秩序，因此根据这个法则，所有发生过的都将会重复。如果能够掌握这个法则，我们就能对重复进行预言。

哥伦布坚持认为地球是圆的，他预言船队从欧洲向西航行最终也能到达大陆。那些嘲笑他的人，包括船队中的一些船员，都见证了这个预言的实现。哈雷在计算了1682年彗星的轨道后预言该彗星将会回来，这个预言在1759年得到了确切的证实。马可尼在研究了电波传送之后，预言声音不通过电线也能传播，因此我们现在可以坐在家里收听来自大洋彼岸的音乐和其他节目。这些人，如同在其他无数领域中的人一样，他们掌握法则。在法则被公开之后，预测就变得非常容易，因为其变成了数学。

尽管我们并不能明白一个特定现象背后的原因，但是通过观察，我们却能预言这个特定现象的重现。几千年前，人们就能预测太阳在固定的时间重复升起，但是导致这个现象的原因后来才被知道。印第安人根据每一轮新月确定他们的月份，但是直到今天人们也不能说明为什么有规律的间隔是这个神圣信号的特征。全世界都是春天耕植，因为夏天随后就会到来；然而究竟有多少耕植者能够明白为什么会有这样亘古不变的季节循环？在每一个例子中，人们都掌握了这类特定现象的节奏。

人类同太阳和月亮一样，都是一种自然物体，因此人类的行为也有节奏的存在，这些都是可以研究和分析的。人类的活动尽管称得上惊奇，如果从节奏的角度去理解，对于一些最困惑我们的问题就会有精确和自然的答案；因为人类会受到节奏程序的控制，通过对其活动的仔细研究就能预测将来的表现，但其合理性与确定性迄今为止难以达到（令人满意的程度）。

与人类活动有关的所有广泛研究表明，社会和经济过程的所有发展实际上都遵循一种法则。这种法则导致它们以一种相似的、恒定的，有着确定循环数字和模式的波浪（或是驱动）自我重复；这些波浪（或是驱动）各自的强度同样也清晰地表明了它们之间的恒定的关系，以及各自消耗的时间。为了更好地阐明和解释这种特定现象，有必要从人类的活动领域中列举一些能够提供大量的可靠数据的例子。就这个要求来说，没有比股票交易更合适的了。

◎ 精华笔记

宇宙的法则体现了自然秩序，大自然依此自动运行。例如，一年有四季，春夏秋冬，循环往复。在过完了2024年的冬季之后，必然会迎来2025年的春季。普通人无法准确判定在2025年的何日何时是冬季转为春季的切换点，但当我们观察到街上大部分人不再穿着厚重的外套行走，那么冬去春来便成为大家的共识。

地球是圆的，这是现代人的常识，但人类花了上千年才证实了地圆说。

哈雷彗星是目前唯一可用肉眼观察到的短周期彗星。它的平均公转周期约76年。在发现它的周期数之前，人类只能记录它出现时的观测时间。一旦发现了周期，人类便可预测下一次可能观测到它的时间。

声音是声源振动产生的，通过介质进行传播，最终被听觉器官感知。传播声音的介质除了固体，还有液体和空气。1894年马可尼在了解到赫兹发现的电磁波后，致力于电磁波与无线电通信的研究，并实现了无线电信号穿越英吉利海峡。

此外，人类的活动也可以从节奏的视角来分析和预测。股市是观察人类活动领域存在自然规律的好场所。股市也存在着重复，体现在波浪具有某种恒定的关系。

引言 自然的节奏

我们对股市的特别关注源于两个理由。第一个理由是在其他领域没有如此大规模的预测尝试而又几乎没有什么结果的情况。经济学家、统计学家、技术分析师、商业领袖和银行家，所有的人都试图预测纽约证券交易所的未来价格。事实上，已经发展出以市场预测为目标的确定职业领域。然而，就在1929年来去之间，有记录以来的最大规模的牛市逆转为同样为历史上最大规模的熊市，套住了几乎所有毫无警惕的投资者。那些每年在市场研究上花费了成千上万美元的领导型投资机构也令人惊讶地遭受了几百万美元的损失，因为他们握在手中的股票价格经历了长时间的大幅缩水。

我们选择股市作为阐述社会和经济活动中都存在波浪（或是驱动）的第二个理由在于，如果对股市的预测接近成功就将会获得巨大的回报，因为即便是在某些单一市场中的意外成功也产生不了如此巨大的财富。股市从1932年的7月上涨到1937年3月，30种有代表性的领涨股平均上涨了373%[1]。另外，很多个股在这轮5年的运动期间上涨的百分比都非常巨大。最后一点，这里提到的这轮巨幅上涨并不是直线向上的，而是有一系列上涨与下跌的阶段，并且是通过持续几个月的锯齿形运动完成的，这些次要的摆动甚至提供了更大的赢利机会。

不管我们如何关注股市的成功，无论是精确的预言还是因此随之而来的奖励，但是这种成功必定是偶然的，因为那些试图谈论运动的人未能理解到股市是一种心理现象。他们没有抓住市场波动背后的规律性这个事实。换句话说，股票的价格运动受节奏的控制，是井然有序的运动。因此，对于那些在广为人知的学科中有一定经验的人来说，这样的市场预测就会缺乏必然性，是没有任何价值的偶然。

如同宇宙中的其他事物一样，股市也自有法则。如果没有法则，市场就没有了价格循环的中心，因此也就没有了股市。进而取代的则是市场每天都会出现一系列混乱的、难以辨认的价格波动，这样的波动没有任何显而易见

---

[1] 译者注：这里应该指的是道琼斯工业价格平均指数。

的理由和次序。然而，正如随后就要揭示的那样，通过细致的研究证明了股市并不是这样的情形。如果从适当的角度观察市场，随后用这种方法进行分析，市场的节奏或者是变化的规则就能被发现。简单来说，股市是人创造的，因此反映了人类的特质。在随后的内容中，人类相应的法则，或者说是节奏，将会通过依据明确的波浪理论而波动的股市运动记录揭示出来。

◎ 精华笔记

选择观测股市有两个理由：第一，在股市领域有大量的预测，并且有人以此谋生；第二，如果预测接近成功，可能带来巨大的财富。

要理解股市存在可预测性，需要认识到股市是一种心理现象，背后具有规律，价格运动受到节奏的影响。如果不能意识到这一点，那么对股市的预测即使成功了，大概率也是偶然。

自然法则总是会在每一种人类活动中发挥作用，无论记录的工具是否存在，不同级别的波浪都会出现。当描述的工具出现时，波浪的模式就会非常完美，并且能够在有经验的人眼前展现出来。这种工具是：

A. 所有权非常分散的公司表现出来的广泛性商业活动。

B. 在一个综合性的市场中，买家和卖家可以通过代理人快速接触。

C. 可靠的记录及交易信息的公布。

D. 与公司相关的所有事项的恰当统计。

E. 用最高价与最低价的日线图表来揭示出现的所有浪级的波浪。

股票交易的日线波动范围是从1928年开始被记录的；小时线的记录是从1932年开始的。为了观察小浪和极小浪，尤其是在快速的运动中，这些记录都是非常有必要的。

与道氏理论（一种流行的判断股市运动的策略）的观点相反，"自然法则"并不要求两种平均指数的相互确认。每一种平均指数、股票板块、个股，或是任何人类活动，都可以通过其自身的波浪进行研判。

◎ 精华笔记

股市的运动呈现波浪的模式，是客观存在的。我们可以用工具将模式展现出来。

使用波浪理论需满足以下条件：第一，公司在商业层面，具备良好的市场性；第二，市场具有良好的流动性；第三，具备可靠的信息披露机制，需要可靠的数据记录、事项统计为基础。

波浪分为不同的级别，在艾略特先生所处的时代，使用了最高价和最低价制作的图表。日线图表可以分析所有浪级。小浪和细浪还可使用小时线图表。

利用波浪理论，可以分析单个指数、股票板块、个股，以及任何人类活动。无须像道氏理论那样使用道琼斯工业价格平均指数和铁路价格平均指数进行相互确认。

在艾略特先生所处的时代，股票交易的数据并不像现在交易软件中这么丰富。小时线的数据比日线数据要晚几年才有。

道氏理论讲的技术分析，通常使用的是收盘价折线图。而波浪理论讲的技术分析，既可以用K线图，也可以用杆状图或者美国线。后两种类型的图表便于我们吸收西方早年的技术分析知识。总的来说，波浪理论主要是利用最高价和最低价的数据做分析。

· · · · · · · · ·

第 1 章
吉萨大金字塔

01

◎ 导读笔记

1. 艾略特先生的波浪理论也经历了一个发展过程。在后期的研究中，他才公布将斐波纳契数列与波浪的综合应用。他通过观察金字塔的图形寻找斐波纳契数列的数字规律。

2. 吉萨大金字塔是金字塔的原型，它有大量的参数符合斐波纳契数列。

3. 向日葵籽的排列、波浪循环的小浪数也符合斐波纳契数列。

4. 斐波纳契数列是人类认识自然规则最重要的数学工具之一。

· · · · · · ·

很多年前，我努力确定"循环"这个术语的含义，但是没有人能够定义它。好奇心导致了我对图形的研究，因此，我发现了波动的节奏，正如我在1938年出版的论文中所公开的那样。

后来我发现，我的发现基础可能是在5000年前建造了"吉萨"大金字塔（Great Pyramid "Gizeh"）那时的设计师就已经知晓的一种自然法则。

在埃及和别的地方都有一些金字塔，但是吉萨是金字塔的原型，而且是唯一揭示各种符号的金字塔。其他的金字塔是随后建造的，以用来作为安葬国王及其家庭成员的地穴。

早在公元前820年，一个土耳其的哈里发——马蒙，错误地认为吉萨里存放着从前法老的遗体，因此有可能会发现储藏的黄金。这就证明了，即使在那样早的时代，吉萨的符号还不为人知。

吉萨的建造时间不仅仅在文字出现之前，甚至是在象形文字出现之前。其他的金字塔出现了象形文字，而吉萨上并没有出现。

在研究吉萨的各种符号上面已经花费了数额巨大的金钱，尤其是在过去的50年中。就今天我们掌握的知识所能理解的程度，这些符号的定义非常正确。这些知识相对是近现代的知识，因此也就表明吉萨中符合科学的符号必然是超自然的，或者说是先前存在过等同于甚至超过发展到今天的文明。很有可能在西半球存在过一种高度发展的文明，尤其是从墨西哥到阿根廷（区域）。《圣经》中提到过巨人，而最近发现的巨人下颚就可以达到400～500磅。

就我所了解的范围内，埃及学家忽视了某些大金字塔中包含的重要符号，例如：

- 金字塔的垂直高度与底边的比率为61.8%。
- 垂直高度的英寸数值是5813。请注意数字5、8和13，下面的加法数列中将会提到。
- 侧面的轮廓是一个循环，也就是有3条线。一个金字塔有5个面——4个面在地上，1个面在底部。从顶点看见的是8条线。
- 面和线的总数是13。

埃及的计量单位是我们现在所知道的"英寸"。

斐波纳契是13世纪的一位意大利数学家。他在游历过埃及回国后公开了一种加法数列。如下所示：

1，2，3，5，8，13，21，34，55，89，144，…

任何相邻的两个数字相加等于下一个更大的数字，例如5+8=13。任何一个数字与下一个更大的数字的比率是61.8%（使用较小的数字计算的比率会有轻微的差异）。因此，金字塔的垂直高度与底边的比率就是整个数列的规则。

◎ **精华笔记**

　　斐波纳契数列的构造原理很简单：数列中前两个数字相加等于下一个数字。

　　此外，数列还呈现出除法计算结果的规律性。相邻的两个数字，前一个数除以后一个数，得到的结果大约是61.8%。数字越大，结果越接近

61.8%。这些计算结果不完全相等,所以斐波纳契数列并不满足数学上等比数列的定义。

· · · · · · · · ·

向日葵籽排列在相互交叉的曲线上,交叉点最大的数字是144。这个数字同时也是一轮股市(牛市和熊市)完整循环的小浪数。

这个数列的数字也出现在人的身体、植物学、生产力、动物、音乐,以及包括股市在内的人类活动的波浪中。

毕达哥拉斯,一位公元前5世纪的希腊哲学家,曾经访问过埃及,并在回国之后公开了第2章中的图形和标题。

第 2 章
自然法则

02

◉ 导读笔记

1. 用斐波纳契数列中的数字解释大自然中的一些"巧合"。
2. 用斐波纳契数列中的数字解释地理和历史上的一些"巧合"。

• • • • • • •

人类至少在5000年前就了解了自然法则。作为当今最古老的国家之一，埃及至少在公元前1500年文明就已经高度发展。我们并不知道埃及金字塔究竟是何时建造的。吉萨大金字塔至少已经建造了5000多年。一些学者提出的证据显示，吉萨在促使诺亚制造方舟的大洪水发生之前就已经存在了；而其他一些学者则认为吉萨可能建造于3万多年前。

金字塔的设计者和建造者为了建立一种永恒的符号花费了非凡的智慧、技能、时间和劳动，这就证明了他们希望传递给子孙后代最重要的信息。在文字和象形文字出现之前，符号是唯一的记录方法。

几个世纪以来，金字塔已经得到了彻底的研究，尤其是最近这些年。就我所观察到的范围内，埃及学家忽略了一个重要的，也许是最重要的符号。我指的是吉萨金字塔外部的线条。

毕达哥拉斯是公元前5世纪著名的希腊哲学家。老的百科全书对他的活动有非常详细的描述。《大英百科全书》上显示了一个图形和一个神秘的标题，这可能是他留下来的唯一记录。这是他长期游历埃及之后回到希腊绘制的。该图形与标题如图2-1所示。

图2-1 毕达哥拉斯留下的图形与标题

我们可以合理地假设，毕达哥拉斯的图形指的就是一座金字塔。吉萨大金字塔最初的测量估计是这样的：底边长783.3英尺，垂直高度484.4英尺，两者的比率是61.8%。垂直高度的484.4英尺等于5813英寸（5—8—13，FSS，斐波纳契数列中的数字）。

从4个侧面的任何一面观察金字塔，都可以看见3条线。这个图形是一个完整的循环。参见图2-2。

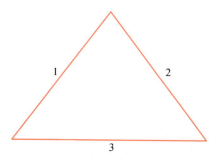

图2-2　金字塔的侧面观

从4个角的任何一个角度观察金字塔，均可以看到5条线。参见图2-3。一个金字塔有5个面——4个在地面上，一个在底部。

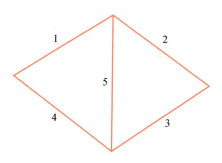

图2-3　观察金字塔的两个侧面

从顶点观察，金字塔就会显示出8条线。参见图2-4。

斐波纳契是公元13世纪的意大利数学家。他在当时为人所知的名字为李奥纳多·达·比萨（Leonardo de Piza）。他在游历埃及和希腊回到意大利后就公开了著名的斐波纳契数列。这个数列如下：

1，2，3，5，8，13，21，34，55，89，144

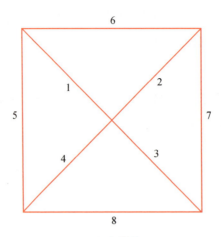

图2-4　金字塔的顶面观

任何两个相邻数字的和等于下一个更大的数，例如5+8=13。任何一个数除以下一个更大的数，得出的比率就是0.618，例如8÷13=0.618。任何一个数除以前一个较小的数，得出就是倒数1.618。在较小的数字中，各自的比率并不精确，但是对于实用的目的来说就已经足够了。为了简化阅读，我从这里开始把前者确定为62%，后者确定为1.62。

<u>请注意加法数列中的前5个数字，1、2、3、5和8都在完整的金字塔图形中得到了显示。</u>

◉ 精华笔记

观察现象之后，在纸上记录数字，然后寻找数字之间的规律，这是当时的人做研究的一种常用方法。这里的象数思维也是人类认知世界的方式之一。

· · · · · · · · · ·

已故的美国艺术家杰伊·汉姆毕格（Jay Hambidge），在游历过埃及、希腊和意大利之后，撰写了几本非常重要和有趣的图书。经过耶鲁大学出版社的同意，我引用了他的著作《动态对称的实际应用》的27～28页：

植物学家使用向日葵花盘作为解释叶序现象的一种常见的例证。它在接近二维的形态中展示了这种现象。

这些向日葵籽（种子）分布在向日葵花盘上的扁菱形的孔中，并且这些孔形成了由交叉曲线构成的图案。这个图案在一些地方很像老式手表上的镂空。

向日葵籽的排列是一种非常有趣的曲线图案。

第一，这种曲线本身是一种确定的曲线。事实上，这种曲线与贝壳的生长曲线类似，非常有规律，并且具备某种数学属性。正如后面将要解释的那样，这种属性是统一生长的必然结果。

第二，当我们对这些曲线进行计数的时候就会发现，一个直径为5～6英寸的正常向日葵花盘上曲线的数目是89，其中55条曲线向一个方向弯曲，34条曲线则向另外一个方向弯曲。也就是说，在正常的花盘上呈现出55条曲线与另外34条曲线相互交叉。这两个数字被记录为34+55。在茎上的顶花下面通常会有尺寸小一些的第二朵花，其上相互交叉的曲线数目通常为21+34。茎的更低位置可能会有新生长出来的第三朵花，其上相互交叉的数目为13+21。

在英国的牛津大学，人们已经培育出花盘生长超常的向日葵，其上相互交叉的曲线数目从34+55增加到了55+89。在这个迷人的研究领域中的权威人士中，现在的领导者是亚瑟·H.丘奇教授。他告诉我们，在牛津大学培育的巨型花盘上，相互交叉的曲线数目为89+144。

花盘上种子复合体的周边排列着一些小花，它们也如同种子一样展示出一定数量的相互交叉的曲线，通常是5+8。

如果从植物茎的底部开始，到花盘为止，计算实际的叶片数量，当绕着茎计数时，很可能会发现，从最初所数某一叶片至刚好在它正上方的叶片，期间所数的叶片数量及绕茎的圈数，在每两片上下重叠的叶片之间这两个数字是恒定的。这种情形展示出的曲线交叉数目，与种子及其小花的数目是同一数列。

我们提到的这些数字都是属于加法数列。之所以这样命名是因为每一个数字都是前面几个数字的和，在这个数列中，是前两个数字。

这个数列的数字是：1，2，3，5，8，13，21，34，55，89，144，…

如果我们提取这个数列中任何两个数，并将一个数除以另外一个数。例如，55除以34，我们就获得了一个比率，并且这个比率在整个数列中恒定不变；也就是说，任何较大的数除以相邻的更小的数就得出了相同的比率。

这个比率是1.618多一点，一个无限不循环小数。

如果反过来计算，用34除以55，我们得到的数字就是0.618多一点。

请注意，这两个比率的差异是1，也就是单位元素。

我们还要注意，在进行这两个除法运算的时候会有一点点误差。这是由于这个数列在用整数形式表达时并不是非常准确的，应当用非常小的小数进行表达。但是这个误差在观察植物生长的允许范围内，整数保留了检查的方便性。

非常离奇巧合的是，1.618和0.618这两种比率是古希腊人非常着迷的比率。离奇是指古希腊人根本不可能想到这个比率跟植物的结构有关系。

这个比率被他们称为极致或是重要的比率。

在中世纪，这个比率被命名为"神圣分割"；最近则被命名为"黄金分割"。

◎ 精华笔记

在斐波纳契数列中，相邻的两个数字，前一个数除以后一个数得到的结果，大约是0.618。如果用后一个数字除以前一个数字得到的结果，大约是1.618。

将计算结果相减，得到的结果就是"1"这个数学单位（1.618-

0.618=1）。

黄金分割比率 0.618 是人们在研究大自然时经常用到的比值。

• • • • • • • •

我从经验中已经知道，144 是实用性中最大的数字。在一轮完整的股市循环中，小浪数就是 144，正如下面的表 2-1 和第 4 章中的图 4-1、图 4-2 和图 4-3 所示。

表2-1 股市循环的波浪数字

	牛市	熊市	合计	
大浪的数字	5	3	8	完成循环
中浪的数字	21	13	34	完成循环
小浪的数字	89	55	144	完成循环

全部都是斐波纳契数字，并且应用了整个数列。波浪的长度可能会有变化，但是波浪数则不会。请注意斐波纳契数列中的数字。

◎ 精华笔记

人们常说的"八浪循环"，在波浪理论中指的是大浪。牛市有 5 浪，熊市有 3 浪，加起来刚好 8 浪（5+3=8）。

牛市的中浪有 21 浪，熊市有 13 浪，加起来是 34 浪（21+13=34）。

牛市的小浪有 89 浪，熊市有 55 浪，加起来是 144 浪（89+55=144）。

3、5、8、13、21、34、55 和 144，这些数字都是斐波纳契数列中很实用的数字。

• • • • • • • •

人的身体遵循数字 3 和 5。躯干上有 5 个突出部分——头、两个胳膊和两条腿。每一条腿和胳膊分成 3 个部分。每条胳膊和腿上有 5 个手指或是脚趾。脚趾和手指（除去大拇指）可以再分为 3 个部分。我们有 5 种感觉。猴子与人相同，除了它的手和脚相同之外。也就是猴子的大脚趾与它的拇指相同。大多数的动物的躯干上有 5 个突出部分——头和 4 条腿，总数是 5。鸟类的躯干上有 5 个突出部分，头、两只脚和两只翅膀。

音乐：最好的例子是钢琴。"八度音阶"是指 8。每一个八度由 8 个白色键和 5 个黑色键构成，总数是 13。

化学元素：有大约 89 种主要元素。

颜色：有 3 个原色，混合产生了其他所有的颜色。

◎ 精华笔记

> 斐波纳契数列中的数字广泛体现在人体、音乐、化学、绘画等领域。

各种各样的观察结果

西半球由 3 个部分构成：北美洲、中美洲和南美洲。

在西半球有 21 个共和国。所有这些国家都是泛美联盟的成员。北美洲有 3 个国家：加拿大、墨西哥和美国。南美洲是由 10 个共和国和 3 个欧洲殖民地组成的，总数是 13。中美洲，以前的范围到巴拿马运河，有 5 个共和国。

美国最初是由 13 个州组成。现在有 55 个分支：48 个州、哥伦比亚特区、菲律宾、巴拿马运河区域、波多黎各、阿拉斯加、夏威夷群岛和维尔京群岛。

在独立宣言上有 56 个签名。最初的数字是 55，最后一个签名是后来加上去的。

- 联邦政府的主要分支：　　　　　3 个
- 陆军的最高礼仪：　　　　　　　21 响礼炮
- 投票年龄：　　　　　　　　　　21 岁
- 人权法案包括：　　　　　　　　13 点
- 国旗的颜色：　　　　　　　　　3 种

- 华盛顿哥伦比亚特区的华盛顿纪念碑：

于 1848 年 7 月 4 日安放奠基石

总成本：	130 万美元
碑身高度：	500 英尺
拱顶石高：	55 英尺
碑身底面积：	55 平方英尺
碑身的顶部边缘长度：	34 英尺
基座台阶：	8
窗户（每一面 2 个）：	8
顶石呈金字塔型：	底面积是 34 平方英尺
	最高点是 55 英尺
	比率：0.618

轴心国由 3 个同伙组成。德国成功地快速占领了 13 个国家，在第 14 个国家——苏联受阻。墨索里尼当了 21 年的独裁者。

1852 年，海军准将佩里"友好"地访问了日本，并要求天皇放弃绝对的孤立主义。1907 年，也就是 55 年之后，日本严重威胁到美国。1941 年，34 年之后，如果从 1852 年起算就是 89 年，日本攻击了珍珠港。

第 3 章
人类活动

03

◎ 导读笔记

1. 艾略特列举了人类活动涉及的领域清单。
2. 有价证券的价格和经济学中的福利波动等,也属于人类活动。

• • • • • • •

"人类活动"这种表述包括类似这样的项目:

- 股票价格。
- 债券价格。
- 专利。
- 黄金价格。
- 人口。
- 公民从城市到农村的流动,以及相反的流动。
- 商品价格。
- 政府支出。
- 生产力。
- 人寿保险。
- 发电量。
- 汽油消费。
- 火灾。
- 股票交易所席位的价格。
- 流行病。
- 不动产。

在这些主要条目中最吸引人的就是有价证券的价格。这一点是每个人都明白的,至少也是部分明白。

我们有必要为"穷困的日子"做好准备，并进行持久的改善，如建筑物的建设、保护项目、道路、桥梁、工厂和住宅等。我们应当等待循环的低点，以便获得资产所有人的低成本与劳动力的低工资的双重效果。经济学中的福利波动就如同地球自转一样，无穷无尽。

第4章
人类活动的特征

04

◎ 导读笔记

1. 人类活动具有三大特征：模式、时间和比率。
2. 熟悉了斐波纳契数列，可以将其应用在各种人类活动上。
3. 利用波浪理论认识波浪的基本单位"八浪循环"。

所有的人类活动都有三个特征——模式、时间和比率，并且在所有的特征中都能观察到斐波纳契数列。

一旦波浪能够被解读，这个知识就可以应用在任何一种活动中，如同一样的规则适用于股票价格、证券价格、谷物价格、棉花价格、咖啡价格，以及先前提到的其他活动上。

模式

三个特征中最重要的是模式。模式总是在形成的过程中。通常，但并非总是，研究者能提前构想出模式的类型。这种便利是由这种模式已经出现的部分提供的。参见第8章"交替"。

一个股市循环的完美图形如图4-1、图4-2和图4-3所示。图中首先分成"牛市"和"熊市"。图4-1把牛市细分为5个大浪，熊市细分为3个大浪。图4-2再把大浪中的①浪、③浪和⑤浪细分为5个中浪。图4-3接着把每个中浪的1浪、3浪和5浪细分为5个小浪。

在图4-1中，熊市细分为3个大浪，并且用字母Ⓐ、Ⓑ、Ⓒ标记。

在图4-2中，向下的Ⓐ浪和Ⓒ浪细分为了5个中浪。向上的Ⓑ浪分成了3个中浪。

在图 4-3 中，向下的中浪接着被细分为 5 个小浪。

换句话说，熊市和牛市是反向的，只是熊市有 3 个向下的大浪，而牛市有 5 个向上的大浪。

无论是熊市摆动还是牛市摆动，其中的调整浪学习起来都非常困难。由于在这里揭示的发现是独创性的，我不得不创造一些新的表达方式。为了解释模式及它们对应的表达方式，完美图形以不同的"浪级"显示。可以这样说，"浪级"这个术语相对非常重要。例如，大浪级是指图 4-1 中的那些浪。中浪级是指图 4-2 中的那些浪。小浪级是指图 4-3 中显示的那些浪。

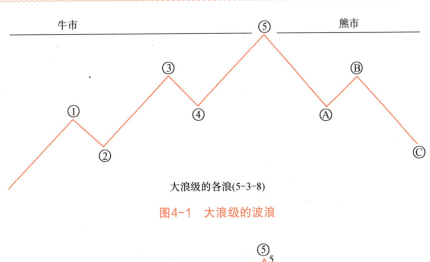

大浪级的各浪(5-3-8)

图4-1 大浪级的波浪

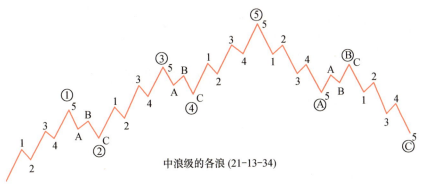

中浪级的各浪(21-13-34)

图4-2 中浪级的波浪

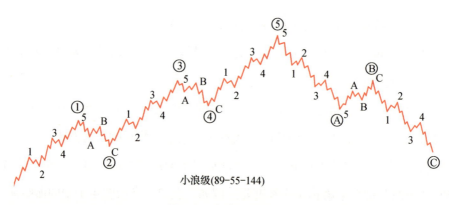

小浪级(89-55-144)

图4-3 小浪级的波浪

◉ 精华笔记

这里在介绍波浪级别时，仅使用了大浪、中浪和小浪的概念，并且指出学习牛市的调整浪与熊市的调整浪都不是一件容易的事情。第5章将会详细讲解不同类型的调整浪。

图4-1、图4-2和图4-3对波浪的标记，可以总结成表4-1。

表4-1 三个浪级的简单标记

浪级	牛市	熊市
大浪	①、②、③、④、⑤	Ⓐ、Ⓑ、Ⓒ
中浪	1、2、3、4、5	A、B、C
小浪	图4-3没有标识数字或者符号，只是按波浪的模式，把1个驱动浪的中浪分成5个小浪，或者把1个调整浪的中浪分成3个小浪。（而图5-1、图5-4、图11-4、图13-2和图27-1对小浪使用了a、b、c等标记）	

· · · · · · · · ·

第 5 章
调整浪

05

◎ 导读笔记

　　1. 本章主要是从定性的角度研究调整浪的图形。调整浪分为锯齿形、平台形和三角形。

　　2. 锯齿形和平台形的调整浪由 3 个浪组成，而三角形的调整浪由 5 个浪组成。

　　3. 锯齿形和平台形的调整浪最主要的差异是 A 浪和 C 浪的内部结构是否对称。

　　4. 三角形的调整浪不是经常出现，它总是出现在向上或者向下的某个浪级的第 4 浪。

　　5. 将向上的调整浪进行倒置，便是向下的调整浪。

・・・・・・・・

　　在不考虑方向和规模的情况下，调整浪的模式是相同的。在牛市摆动中，调整浪是向下或横向的；在熊市摆动中，调整浪是向上或横向的。因此，无论是熊市还是牛市中的调整浪都可以绘制成图形。

　　图 5-1 至图 5-3 应用于向上的摆动；图 5-4 至图 5-6 应用于向下的摆动，并且是"倒置"的。因此，无论"倒置"这种表述是否出现，都将应用在向下的主要趋势中。

　　在前面的图形中注意 3 种浪级——大浪、中浪和小浪。同样的调整浪也有 3 种浪级，这是自然的。

　　有三种类型的调整浪——"锯齿形""平台形"和"三角形"。

锯齿形

趋势向上的调整浪

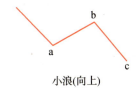
小浪(向上)

图5-1 趋势向上的小浪级锯齿形调整浪

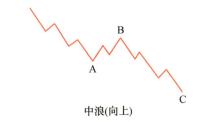
中浪(向上)

图5-2 趋势向上的中浪级锯齿形调整浪

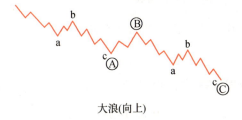
大浪(向上)

图5-3 趋势向上的大浪级锯齿形调整浪

倒置,趋势向下的调整浪

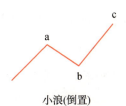
小浪(倒置)

图5-4 趋势向下的小浪级锯齿形调整浪

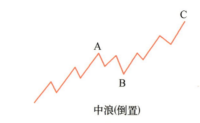

中浪(倒置)

图5-5　趋势向下的中浪级锯齿形调整浪

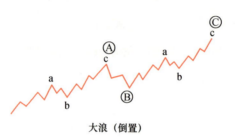

大浪（倒置）

图5-6　趋势向下的大浪级锯齿形调整浪

◎ 精华笔记

锯齿形的调整浪由3个浪组成。

在图5-1和图5-4中，小浪的3个浪记为a、b、c。（每一段折线视为1浪）

在图5-2和图5-5中，中浪的3个浪记为A、B、C。其中，A浪和C浪由5个小浪组成，而B浪由3个小浪组成。仔细观察，图5-2的结构对应了图4-3中的浪②和④；图5-5的结构对应了图4-3中的浪Ⓑ。

在图5-3和图5-6中，大浪的3个浪记为Ⓐ、Ⓑ、Ⓒ。其中，Ⓐ浪和Ⓒ浪分别由图5-2和图5-5所示的中浪组成，艾略特先生这里将中浪使用了小浪的a、b、c来进行标记。因而图5-3和图5-6中的a、b、c，在内部结构上类似于图5-2和图5-5中的A、B、C。

平台形

接下来显示的是大浪级、中浪级和小浪级的"平台"调整浪,包括普通的(图 5-7 至图 5-9)和"倒置"的(图 5-10 至图 5-12)。这些图形命名为"平台"的原因在于它们通常的形态是"扁平"的。有时候它们会向上或是向下倾斜。

趋势向上的调整浪

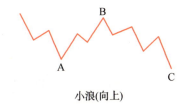

图5-7　趋势向上的小浪级平台形调整浪

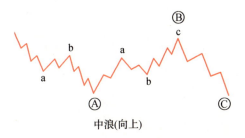

图5-8　趋势向上的中浪级平台形调整浪

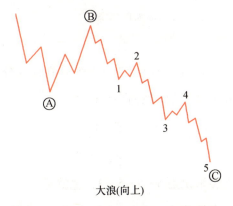

图5-9　趋势向上的大浪级平台形调整浪

倒置，趋势向下的调整浪

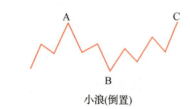

图5-10　趋势向下的小浪级平台形调整浪

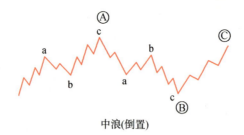

图5-11　趋势向下的中浪级平台形调整浪

图5-12　趋势向下的大浪级平台形调整浪

事实上，这种模式也可以称为"3—3—5"。在前面分析中它们是3浪模式，也就是A浪、B浪和C浪；然而牛市模式是：

5—3—5—3—5

对应浪　　　　　1　2　3　4　5

这个模式对应人类来说是5—3—5—3，也就是：

躯干上有5个突出的部分——头、2条胳膊和2条腿

第5章 调整浪

胳膊和腿细分为3节

胳膊和腿的末端细分为5个手指或是5个脚趾

每个手指或脚趾再次分为3个部分

无论倒置"平台"的C浪是否被拉长，仍旧属于调整浪。通过仔细阅读第8章"交替"，就有可能知道拉长了的C浪何时会出现。

◉ 精华笔记

平台形的调整浪由3个浪组成。

在图5-7和图5-10中，小浪的3个浪记为A、B、C。其中，A浪和B浪由3个小浪组成，而C浪由5个小浪组成。A浪、B浪和C浪构成了典型的"3—3—5"。"扁平"的平台中，C浪的终点与A浪的终点高度位置接近，但不需要完全相等。

在图5-8和图5-11中，中浪的3个浪记为Ⓐ、Ⓑ、Ⓒ。其中，Ⓐ浪和Ⓑ浪由3个中浪组成（这里的中浪记为a、b、c），而Ⓒ浪由5个小浪组成。注意，Ⓐ浪的内部是"5—3—5"结构，而Ⓑ浪的内部是"3—3—5"结构。此外，图5-8和图5-11属于"扁平"的平台，Ⓒ浪的终点与Ⓐ浪的终点高度位置接近，但不需要完全相等。

在图5-9和图5-12中，大浪的3个浪也记为Ⓐ、Ⓑ、Ⓒ。其中，Ⓐ浪和Ⓑ浪由3个小浪组成，但Ⓒ浪却由5个中浪组成（这里的中浪记为1，2，3，4，5）。由于Ⓒ浪的结构相对复杂，导致Ⓒ浪的终点常常会超过Ⓐ浪的终点，尽管如此，Ⓒ浪仍属于调整浪。

图5-9所示为趋势向上的调整浪，Ⓒ浪的终点明显低于Ⓐ浪的终点，使得平台倾斜向下。

图5-12所示为趋势向下的调整浪，Ⓒ浪的终点明显高于Ⓐ浪的终点，使得平台倾斜向上。

复杂的调整浪

小浪级的调整浪由 3 个向下的浪组成，如图 5-13、图 5-14 所示。

图5-13　趋势向上的小浪级调整浪1

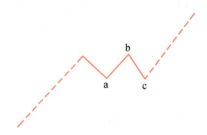

图5-14　趋势向上的小浪级调整浪2

双重横向调整浪由 7 个浪组成，如图 5-15 所示。

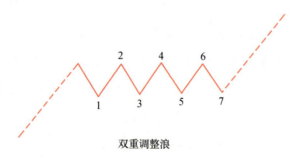

双重调整浪

图5-15　趋势向上的双重横向调整浪

三重横向调整浪由 11 个浪组成，如图 5-16 所示。

换句话说，对于上涨趋势来说，横向调整浪总是以向下的浪结束，无论其组成是 1 个浪、3 个浪、7 个浪，还是 11 个浪。它们的命名如下：

3 个浪为"单 3 浪"。

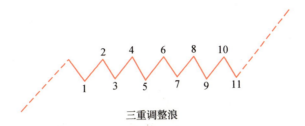

图5-16 趋势向上的三重横向调整浪

7个浪为"双重3浪"。

11个浪为"三重3浪"。

趋势向下的调整浪，波浪数相同但方向倾斜向上，例如，图5-17至图5-19所示。

图5-17 趋势向下的小浪级调整浪

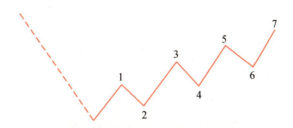

图5-18 倾斜向上的双重调整浪

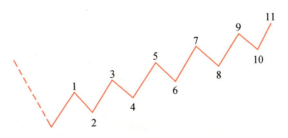

图5-19 倾斜向上的三重调整浪

偶尔这些3浪会在向上与横向时混合；或是在向下与横向时混合，例如，图5-20至图5-23所示。

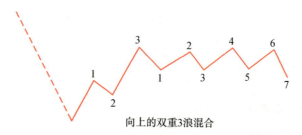

图5-20　趋势向下的小浪级调整浪与双重3浪的混合

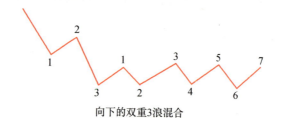

图5-21　趋势向上的小浪级调整浪与双重3浪的混合

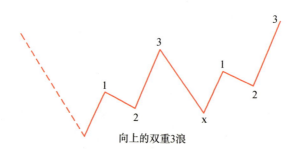

图5-22　两个小浪级调整浪的混合

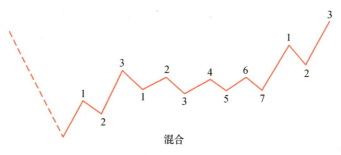

图5-23　复杂的调整浪的混合

◎ 精华笔记

1.调整浪的复杂性，主要体现在以下几个方面。

第一，要分清楚调整浪的前面是接的上涨趋势（趋势向上时进行的调整），还是接的下降趋势（趋势向下时进行的调整）。

图5-13至图5-23中，实线画出的折线表示调整浪的结构。而调整浪前面的虚线，表示前面连接了一个更大级别的浪的方向。在调整浪结束之后，市场还会延续之前的运动方向。

（1）虚线朝右上方倾斜，表示前面接的是上升趋势。例如，图5-13、图5-14、图5-15、图5-16，调整浪结束之后，市场继续朝右上方运动。而图5-21是相对于图5-20的倒置，前面也应该是上升趋势，如图5-24所示。

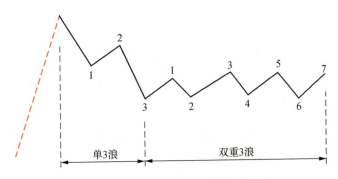

图5-24　趋势向上的调整浪混合分析

（2）虚线朝右下方倾斜，表示前面接的是下降趋势。例如，图5-17、图5-18、图5-19、图5-20、图5-22和图5-23。当调整浪结束之后，市场还会继续朝右下方运动。

第二，构成调整浪的小一浪级的数量不同，可分为3个浪、7个浪、11个浪等情况。

第三，基于构成调整浪的小一浪级的终点位置不同，又将调整浪的方向分为了横向、向上或是向下。在此基础上，还有不同类型的"混合"

(也译为"联合形")。例如，图5-20、图5-21、图5-22和图5-23。

2. 进一步分析调整浪。

（1）**调整浪的记法**。当调整浪的前面是上升趋势时，除了图5-13所示的"单3浪"结构记为a、b、c，其余的波浪均用数字记录，如1，2，3，…，11。此外，还有图5-22所示的x，用于连接两个向上的"单3浪"。

（2）**分析"单3浪"**。"单3浪"有三种基本形式，如图5-13、图5-14和图5-17所示。

图5-13中，c浪的终点低于a浪的终点，使得此结构倾斜向下。也就是说，这是一个上升趋势后向下的简单调整。

图5-14中，c浪的终点接近a浪的终点，使得此结构横向发展。也就是说，这是一个上升趋势后横向的简单调整。与图5-13相比，图5-14的调整相对强势一点。

图5-17是对图5-14的倒置，3浪的终点高于1浪的终点，使得此结构倾斜向上。也就是说，这是一个下降趋势后向上的简单调整。

（3）**调整浪的混合**。横向的简单调整，波浪数量增加时，就形成了图5-15所示的双重3浪，甚至是图5-16所示的三重3浪结构。

对比图5-13和图5-21，当调整浪不仅仅是横向的波浪数量增加时，尽管图5-21是上升趋势后先接了一个"单3浪"，但是由于后面还接了"双重3浪"，所以这里的"单3浪"没有使用a、b、c来标记。将图5-21视为"单3浪"和"双重3浪"的混合，所以使用了如图5-24所示的1，2，3，…的标记方式。

3. 假如图5-24的调整浪结束之后，市场还继续前面的上涨趋势，那么应该如何绘制后面的结构？

参考图5-23，这是一个"单3浪""双重3浪"和"单3浪"的混合。市场后续可以继续调整浪之前的下降趋势。

将图 5-23 倒置，如图 5-25 所示，此结构相当于在图 5-24 的基础上，后面接了一个"单 3 浪"。

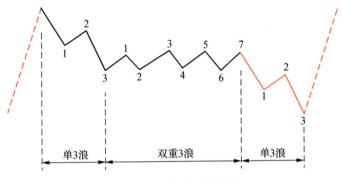

图5-25　复杂的混合分析

4. 对于图 5-22 的情况，也可以使用倒置，形成如图 5-26 所示的向下的双重 3 浪图形。尽管向下的双重 3 浪也是 7 个浪，然而由于它的调整方向不是像图 5-15 的横向，因此没有使用图 5-15 中的数浪方式（例如 1，2，3，…，7）。

图5-26　向下的双重3浪分析

5. 对比图 5-26 和图 5-15，可以发现，当调整浪的前面接的是上升趋势时，对于 7 个浪的调整浪，既可能是如图 5-15 所示的横向的通道结构，也可能是如图 5-26 所示的倾斜向下，还可能是其他的形态。

而当调整浪的前面接了下降趋势时，对于 7 个浪的调整浪，既可能是如图 5-18 所示的倾斜向上的通道结构，也可能是如图 5-22 所示的倾斜向上，还可能是其他的形态。

总的来说，调整浪的学习确实不是一件容易的事。但是，在理解了其内在的规律性，以及标记的基础上，投资者是可以快速掌握的。

三角形

三角形由 5 个浪组成，更确切地说是 5 条"腿"。在大规模的类型中，每条"腿"都是由 3 个浪组成，如图 5-27、图 5-28 所示。

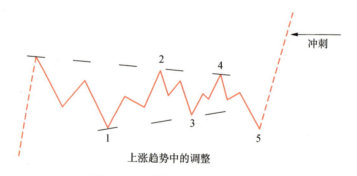

图5-27　趋势向上的三角形调整

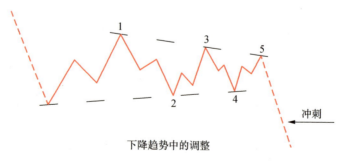

图5-28　趋势向下的三角形调整

在中等规模的类型中，第 4 条"腿"和第 5 条"腿"可能由一个浪组成，如图 5-29 所示。

图5-29　中等规模的三角形调整

在非常小的类型中,这些"腿"通常只由一个浪组成。三角形结构的主要决定因素是轮廓,即通过顶部和底部绘制的直线。

在第5浪开始之前,研究者不能确定三角形正在形成。

有三种类型的三角形:

上升的底部和平行的顶部,如图5-30所示。

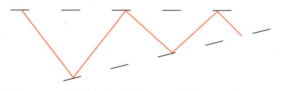

图5-30　上升三角形

下降的顶部和平行的底部,如图5-31所示。

图5-31　下降三角形

对称。下降的顶部和上升的底部,如图5-32所示。

图5-32　对称三角形

第 5 条"腿"可以在三角形的轮廓内或是轮廓外结束，如图 5-33、图 5-34 所示。

图5-33　在三角形轮廓外结束第5条"腿"

图5-34　在三角形轮廓内结束第5条"腿"

然而，第 5 条"腿"应当由 3 个浪组成，除非这个三角形非常小。有的时候，一个三角形仅仅持续了 7 个小时。最大的三角形是在 1928 年 11 月到 1942 年 4 月之间，总计 13 年。这个运动将在后面其他章中讨论。

三角形第 5 条"腿"结束后的运动被命名为"冲刺"。这个运动由 5 个浪组成，并且与三角形的第 2 条"腿"和第 4 条"腿"在同一个方向。

三角形并不是经常出现的。它们出现的位置总是在向上或是向下的任何浪级中的第 4 浪，如图 5-35、图 5-36 所示。

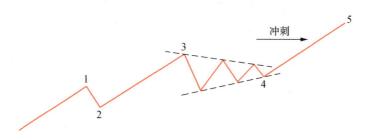

图5-35　趋势向上的第4浪形成三角形

第5章 调整浪

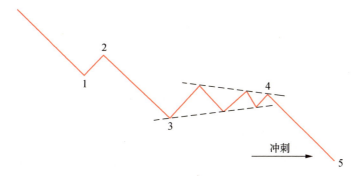

图5-36 趋势向下的第4浪形成三角形

三角形之后的第5浪被称为"冲刺"，与第1浪和第3浪类似，都是由5个浪组成的。

就像前面的图形所显示的那样，第5浪超过了第3浪的顶部，如图5-35所示；或是低于了第3浪的底部，如图5-36所示。

◎ 精华笔记

1. 分析三角形的调整浪时，需要先作辅助线，观察辅助线的轮廓构造出的不同的三角形，如图5-37所示。（这里讲的是三角形未包括楔形或喇叭形等形态）

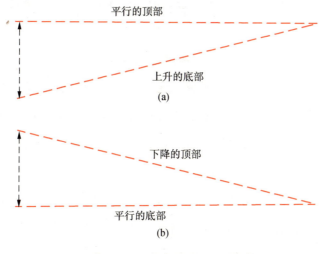

图5-37 不同轮廓的三角形

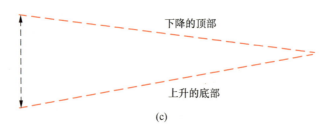

图5-37 不同轮廓的三角形（续）

三角形左侧的垂直双箭头线，可以视为三角形的底边，用于表示三角形调整的价格空间。三角形的另外两条边，可以将上边的辅助线认为是市场近期的压力，将下边的辅助线认为是市场近期的支撑。

2. 分析三角形时的复杂性，与分析调整浪类似。

首先，也要分清楚三角形的前面是接的上涨趋势（趋势向上时进行的三角形调整，图5-27），还是接的下降趋势（趋势向下时进行的三角形调整，图5-28）。

尽管图5-29至图5-34并没有用虚线指明三角形前面接的趋势方向，但依据三角形的第一条腿的方向都是朝向右下方，可以确定这6张图形前面接的应是与图5-38类似的上涨趋势。

其次，依据构成三角形的5条腿的浪形复杂度，将三角形分为大规模的三角形（图5-27和图5-28）、中等规模的三角形（图5-29）和非常小的三角形（图5-30、图5-31和图5-32）。

3. 图5-29与图5-27的差异，主要体现在第4条"腿"和第5条"腿"上。图5-29中的4和5都是简单的1个浪，而图5-27中的4和5都是倾斜的单3浪。而图5-30、图5-31和图5-32的5条腿都是用1个浪表示。

以图5-30的三角形为例，对照图5-37(a)的三角形轮廓。将图5-30前后的趋势方向补上，如图5-38所示。

做技术分析时，只有当市场第5条"腿"开始运动了，才可以主观认为可能是一个三角形。正因为第 5 条"腿"已经开始了，那么前面 4 条"腿"的终点是确定的。三角形上边的辅助线是连接 2 和 4 的终点作出的。三角形下边的辅助线是连接 1 和 3 的终点作出的。

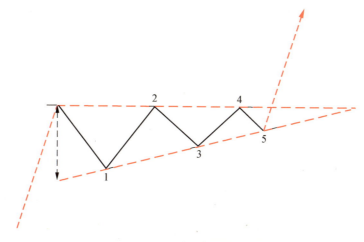

图 5-38　上升三角形的分析

4. 关于第 5 条"腿"的终点位置的讨论。尽管图 5-38 中将 5 的终点画在三角形下边的辅助线上，而图 5-33 和图 5-34 分别展示了另外两种不同的情况。图 5-33 中，第 5 条"腿"的终点位于三角形的轮廓外部。图 5-34 中，第 5 条"腿"的终点位于三角形的轮廓内部。

我们都知道，上涨趋势的 2 浪和 4 浪都是调整浪，当三角形位于大级别波浪的第 4 浪时，后面的第 5 浪被称为"冲刺"。对比图 5-35 和图 5-38，可以看出，图 5-38 可以视为图 5-35 的右侧部分，而更大一级的 1、2、3 浪位于图 5-35 的左侧部分。

第6章
延展浪

06

◎ 导读笔记

1. 本章主要是从定性的角度研究延展浪的图形。
2. 区分延展浪与延展浪中的延展浪。
3. 了解错误的数浪。
4. 了解在不同时间周期的图表中同一段走势可能呈现不同的图形。

••••••••

一个延展浪可以在3个驱动浪（浪1、浪3和浪5）中的任何一个中出现，但是永远都不会多于一个。例如图6-1至图6-6。

图6-1　趋势向上的浪1的延展

图6-2　趋势向上的浪3的延展

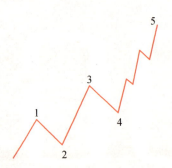

图6-3　趋势向上的浪5的延展

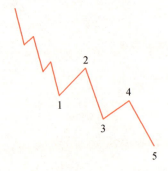

图6-4　趋势向下的浪1的延展

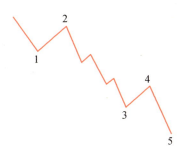

图6-5 趋势向下的浪3的延展

图6-6 趋势向下的浪5的延展

我们将注意到,在每一个例子中,总共有9个浪。这是因为把延展浪数成了5个浪而不是一个浪。

在很少数的情况下,一个延展浪的运动将由9个规模相等的浪组成。例如图6-7、图6-8。

延展浪仅仅出现在当前循环外的新区域,也就是它们不能作为调整浪出现。

延展浪会"双重回撤",也就是一个调整浪会两次通过同一个区间,一次向下和一次向上。当延展浪出现在第1浪(见图6-9)和第3浪(见图6-10)的时候,我们就没有必要考虑这个特性;也就是只有当延展浪出现在第5浪(见图6-11)的时候(我们才会考虑)。如果延展浪出现在第1浪,双重回撤将自动受到第2浪和第3浪的影响。如果延展浪出现在第3浪,双重回撤就会受到第4浪和第5浪的影响。请注意图6-12中的第5浪延展和随后的双重回撤。

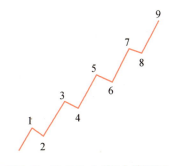

图6-7 趋势向上的9个浪延展

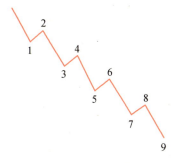

图6-8 趋势向下的9个浪延展

◎ 精华笔记

3个驱动浪（浪1、浪3和浪5）中只会有一个浪是延展浪。对延展浪进行标记时，除了图6-7和图6-8(标记了1，2，3，…，9)，其余都标记了5个浪。图6-7和图6-8的标识方式是考虑了趋势方向上每一次行进和调整的规模（时间和空间）差不多。

图6-1和图6-4是第1浪的延展，组成浪1的5个小浪每一次行进和调整的规模（时间和空间），相对于后面的浪2，3，4，5，不是同一个节奏。

图6-2和图6-5是第3浪的延展，组成浪3的5个小浪每一次行进和调整的规模（时间和空间），相对于浪1和浪2以及浪4和浪5，不是同一个节奏。

图6-3和图6-6是第5浪的延展，组成浪5的5个小浪每一次行进和调整的规模（时间和空间），相对于前面的浪1，2，3，4，不是同一个节奏。

延展浪中的延展浪

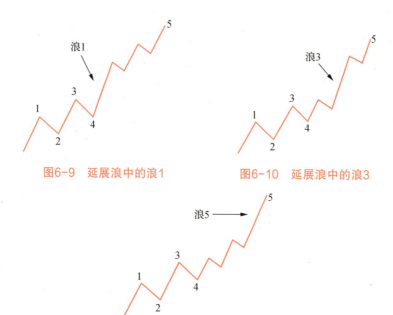

图6-9　延展浪中的浪1　　图6-10　延展浪中的浪3

图6-11　延展浪中的浪5延展

第 5 浪为延展浪与双重回撤。

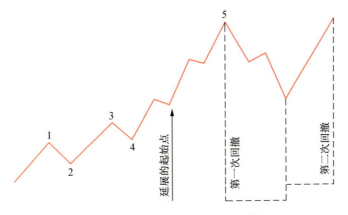

图6-12 第五浪延展与双重回撤

1，3 和 5 这 3 个驱动浪长度相同的时候很少。3 个浪中的一个浪通常要比其他两个浪长很多。要注意非常重要的一点，第 3 浪永远不会同时短于第 1 浪和第 5 浪，正确的数浪方法如图 6-13、图 6-14 所示。

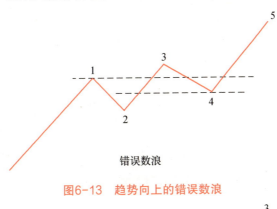

错误数浪

图6-13 趋势向上的错误数浪

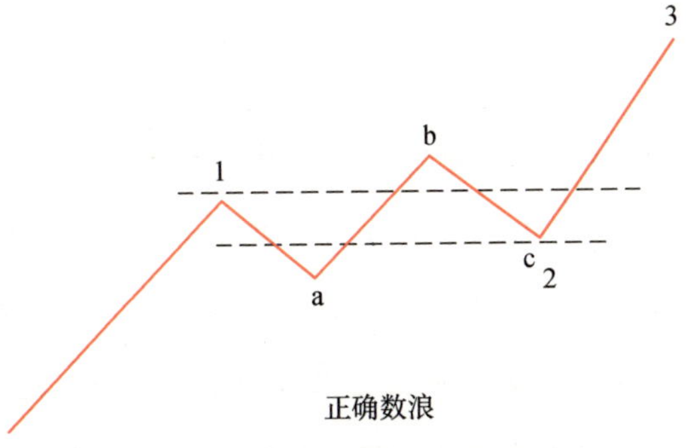

正确数浪

图6-14 趋势向上的正确数浪

要注意，第4浪和第1浪不会重叠。重叠是指第4浪结束时低于第1浪的顶部。

这种类型的"倒置"应用如图6-15、图6-16所示。

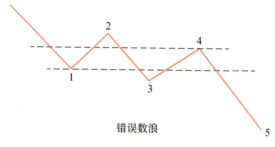

图6-15　趋势向下的错误数浪

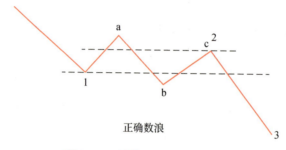

图6-16　趋势向下的正确数浪

如果一个延展浪的浪级非常小，回撤就会立即出现。如果是中浪级和大浪级的延展浪，双重回撤要到上涨结束后才会出现。当一个运动以高速运行时，就会以几乎相同的速度在相同区域进行反向回撤。

◎ 精华笔记

1. 在图6-3的基础上，分析图6-9至图6-15。

图6-9是在图6-3的基础上对浪5的第一个小浪延展。

图6-10是在图6-3的基础上对浪5的第三个小浪延展。

图6-11是在图6-3的基础上对浪5的第五个小浪延展。

图6-12是艾略特先生提出的浪5是延展浪时会伴随双重回撤，该图

形是图 11-1 左侧部分的抽象图形。

图 6-13 和图 6-15 展示了错误的数浪方式，图 6-15 是图 6-13 的倒置。

2. 注意正确数浪有三个要点。

（1）浪 2 的运动比浪 1 更短。这一条意味着，在上涨趋势中，浪 2 的终点高于浪 1 的起点；在下降趋势中，浪 2 的终点低于浪 1 的起点。

（2）3 个驱动浪（浪 1、浪 3 和浪 5）中，浪 3 不会是最短的一浪。观察图 6-13 和图 6-15，可以看到浪 3 比浪 1 和浪 5 都短，因此，浪 3 的标记明显有误。

（3）浪 1 和浪 4 不会重叠。这一条意味着，在上涨趋势中，浪 4 的终点高于浪 1 的终点（观察图 6-13 中的两条虚线，即水平辅助线）；在下降趋势中，浪 4 的终点低于浪 1 的终点（观察图 6-15 中的两条虚线，即水平辅助线）。

3. 图 6-14 和图 6-16 展示了正确的数浪方式，图 6-16 是图 6-14 的倒置。

图 6-14 和图 6-16 分别把图 6-13 和图 6-15 中错误的浪 2，3，4 改为了浪 2；又把错误的浪 5 改为了浪 3。另外，浪 2 又分为 a、b、c 三个小浪。浪 a 对应图 6-13 和图 6-15 中错误的浪 2，浪 b 对应图 6-13 和图 6-15 中错误的浪 3，浪 c 对应图 6-13 和图 6-15 中错误的浪 4。

除了图 6-13 和图 6-15，本书前面的数浪方式均是正确的。需要强调的是，浪 1 和浪 4 不会重叠，这是检验数浪是否正确的要点之一。

4. 数浪小练习。

分析图 6-17 中的数浪是否合理。对照前面讲的两个数浪要点，浪 3 比浪 1 更长以及浪 4 和浪 1 不重合，判断图 6-17 的数浪方式可能无误。另外，图 6-17 中的浪 3 很可能是延展浪。

将图 6-14 与图 5-13 和图 5-14 进行对比。这 3 张图看似大同小异，但是图 6-14 的调整似乎是最强势的，因为浪 b 的终点比浪 1 的终点更高，同时浪 c 的终点也比浪 a 的终点更高。3 张图中，图 5-13 的调整力度相对弱势。

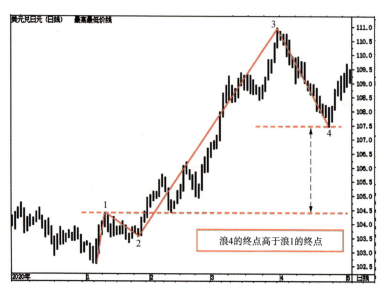

图6-17 数浪练习1（USDJPY美元兑日元）

强势的单3浪调整，如图6-18所示（浪3可能是一个延展浪）。对照图6-14来分析构成浪2的小浪（a，b，c），浪b的终点比浪1的终点更高，浪c的终点比浪a也高一点。

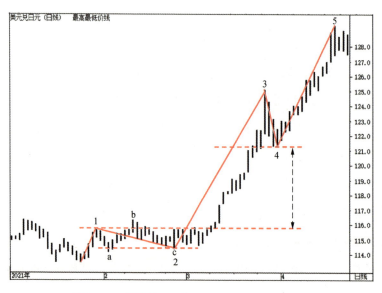

图6-18 数浪练习2（USDJPY美元兑日元）

调整浪的放大

为了知道第一次的向上运动究竟是由 3 个浪还是 5 个浪组成的，我们绘制的日线图形（最高价和最低价）就非常重要。周线的图形有可能不能揭示这个事实。例如：在图 6-19 和图 6-20 中，我们同时用日线和周线显示同一个倒置的平台形。

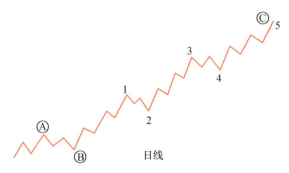

图6-19　趋势向下的平台形调整浪（日线）

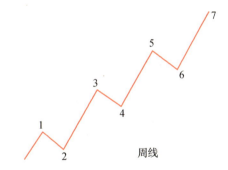

图6-20　趋势向下的平台形调整浪（周线）

注意到周线图形上，第一个上升浪的精确构成并没有得到揭示，因此研究者可能错误地假设这个上升浪在日线上是由 5 个浪组成的。周线上的一个倒置平台将会被认为是由 7 个浪组成的，然而它的确是一个倒置平台，也就是Ⓐ浪、Ⓑ浪和Ⓒ浪（1、2、3、4、5），如图 6-20 所显示的那样。再参看第 18 章，尤其是 "月线价格范围" 的内容。

◎ 精华笔记

图 6-19 和图 6-20 说明了在不同时间周期的图表上，即使同一段市场走势，画出的浪形也不一样。

类似的表现还可能出现在"锯齿形"的调整浪中。"锯齿形"不会出现延展；但是可以这样说，"锯齿形"可能扩大或是倍增。注意下面"锯齿形"的图形（图 6-21 至图 6-23）。

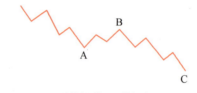

日线级别——单锯齿形

图6-21　趋势向上的单锯齿形（日线）

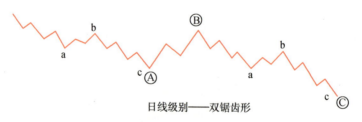

日线级别——双锯齿形

图6-22　趋势向上的双锯齿形（日线）

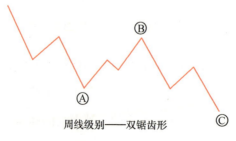

周线级别——双锯齿形

图6-23　趋势向上的双锯齿形（周线）

无论是单锯齿形还是双重锯齿形，其调整时的特征都是一样的。

第6章 延展浪

◉ 精华笔记

　　延展，意味着大的浪型结构不变，只是针对某个驱动浪进行延展。而被延展的驱动浪内部的某个驱动浪还可以进行延展。后文图14-1下方的图形是艾略特先生对延展浪中的延展浪举的实际案例。

　　放大或是倍增，意味着同样的浪形结构重复出现。例如，图6-21和图6-22的关系，图6-21是典型的锯齿形结构"5—3—5"。当锯齿形倍增时，两个"5—3—5"结构是中间一个向上的单3浪作连接构成双重锯齿形，如图6-24所示。为了方便对照，图6-24中保留了图6-21的表示方式A、B、C。从结构上来说，图6-24比图5-26向下的双重3浪更复杂一点。

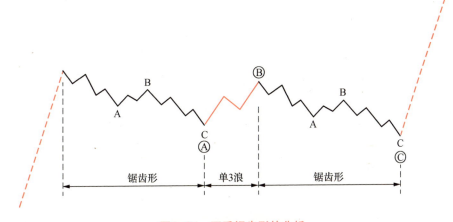

图6-24　双重锯齿形的分析

　　总的来说，描述驱动浪在时间维度的延长，使用词语延展；而描述调整浪在时间维度的延长，使用词语放大或倍增。

横向运动

　　正如我们所注意到的那样，所有的调整运动无论属于什么浪级都是由3

个浪组成的（图 6-25 至图 6-28）。横向运动也遵循相同的行为方式，因此具有相同的特征——调整。随后的图形显示了两种上涨之后横向运动。

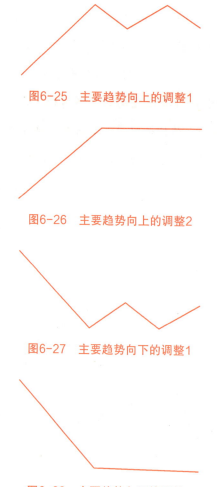

图6-25　主要趋势向上的调整1

图6-26　主要趋势向上的调整2

图6-27　主要趋势向下的调整1

图6-28　主要趋势向下的调整2

精华笔记

　　横向运动被纳入"调整"的范畴，因此，在对横向运动做技术分析时，应参考调整浪的3浪结构，而不是驱动浪的5浪结构。

　　横向运动经常出现在大型顶部或底部区间，以及强势股的整理阶段。

第7章
不规则顶

07

◎ 导读笔记

1. 相对于正规顶，当大型的5浪结构走完之后市场开始剧烈调整所产生的特殊形态，即不规则顶。

2. 由于不规则顶的定义是与大型波浪结构有关，在实战中比较少见。

一个运动若超过了第5个浪的顶部（正规顶OT，the orthodox top）就是一个"不规则"顶（the irregular top），如图7-1所示。假设下面的图7-2是大浪级的上升5个浪。第5浪的顶部就是"正规"顶。第一次运动是从"5"向下的3个浪并用字母Ⓐ标记。第二次运动就会向上并超过标记为"5"的顶部，这个运动用字母Ⓑ标记。如同浪"A"一样，浪"B"也是由3个浪组成。接下来的向下运动将会是由5个浪组成，并用字母标记为Ⓒ。

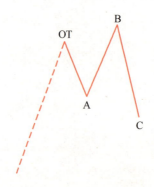

图7-1 不规则顶的图形

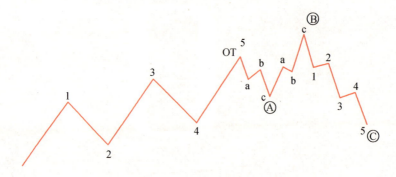

图7-2 不规则顶的波浪

浪Ⓐ、浪Ⓑ和浪Ⓒ一起构成了一个调整浪，尽管浪Ⓑ的结束点可能高于第5浪。1928年11月至1932年7月期间，就曾出现过这样的情形。对这个特征的完美理解非常重要。如果浪Ⓐ是一个简单的锯齿形，浪Ⓑ就会是一个倒置的平台形。这是交替规则发出警示的一个例子。"交替"这个主题在第8章将重点论述。

◎ 精华笔记

1. 不规则顶与5浪的延展浪之间的差异主要体现在，不规则顶的调整浪Ⓐ和Ⓑ的小一浪级结构是3浪，而5浪的延展浪还是5浪。不规则顶的浪Ⓐ、Ⓑ和Ⓒ，也可以视为"3—3—5"的平台形（如图5-9所示）。

2. 由于不规则顶的情况比较少见，且不太容易做技术分析，实操的时候，我们可以借助维克多"1—2—3"法则辅助判断上升趋势的结束。

如图7-3所示，在左侧上涨趋势的尾声，画出最近的上涨趋势线，并标出最后一个高点。

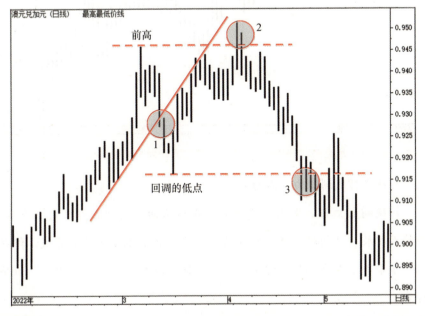

图7-3　维克多"1—2—3"法则应用于顶部区间的分析（AUDCAD澳元兑加元）

观察当市场跌破上涨趋势线时发生了维克多事件1。

随后市场回调，标出回调的低点。

之后市场再次发动向上的冲击，测试前高，出现假突破，发生了维克多事件2。

此后市场一路下跌，并跌破回调的低点，发生了维克多事件3。

图7-4是图7-3随后的市场走势。当维克多三大事件都发生了，且市场确认开始走下降趋势，可在图7-4所示的两个向下的箭头位置附近制订做空的交易计划。

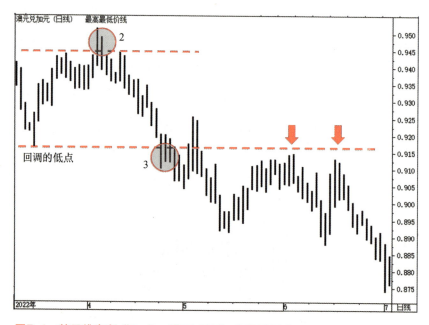

图7-4　基于维克多"1—2—3"法则制订交易计划（AUDCAD澳元兑加元）

3.从支撑线到阻力区间的分析。

切换到K线图，如图7-5所示。保留从回调的低点作出的水平线，并将其扩展为区间辅助线。它在维克多事件3发生之前是支撑线，但在维克多事件3发生之后，它是阻力线。这是典型的"支撑变阻力"价格行为。

图7-5中，两个向下的箭头位置附近，可以观察到市场两次冲刺阻

力线均以失败告终，且每一次都出现了实体相对较大的阴线进行回调。

阴线之后均出现了pinbar信号K线，说明市场的卖压很大。当pinbar出现时，可以制订具体的交易计划，止损位置设置在阻力区间（具体位置需考虑交易计划的时间周期和盈亏比，此处不详细讨论）。

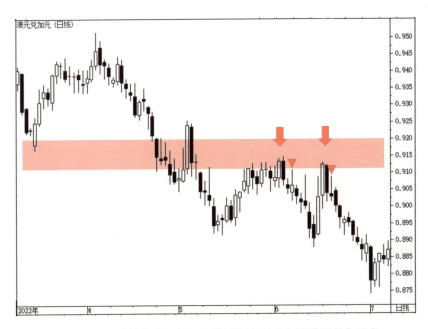

图7-5　裸K线技术分析制订交易计划（AUDCAD澳元兑加元）

第8章
交替

08

◎ 导读笔记

1. 借助自然界的交替原则理解波浪理论中的交替。
2. 图形中的交替有多种情形，需要多做看图练习。

- - - - - - -

"交替"这个术语在字典中的定义是："两件事情或是一系列事情轮流出现或依次发生作用。"交替是一种自然法则。

树叶和树枝总是先在主干的一面出现，随后在另外一面出现——交替它们的位置。

人身体的构成也遵循同样的规则：

第一，躯干上有5个突出部分，头、胳膊和腿，一共是5个部分。

第二，腿和胳膊分成3节。

第三，腿和胳膊的末端有5个脚趾或手指。

第四，脚趾和手指分成3节。

因此是5—3—5—3。

我们有无穷无尽的例子可以引用，但是这里讨论的是人类活动的交替习惯。

牛市和熊市的交替。

一轮牛市由5个浪组成；而一轮熊市由3个浪组成，因此是5和3的交替。同样的规则支配所有的浪级。

一轮牛市由5个浪组成。浪1、浪3和浪5是向上的，浪2和浪4是向下的或是横向的，因此是奇数和偶数的交替。

浪2和浪4是调整浪。这两浪的交替体现在模式上。如果浪2是"简单"的，那么浪4就是"复杂"的。反之亦然。较小浪级的"简单"调整浪由1个向下的浪组成；"复杂"的由3个浪组成，向下或是横向（图8-1和图8-2）。

第8章 交替

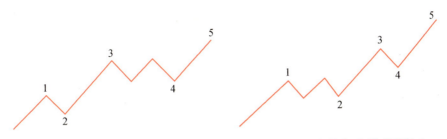

图8-1 简单的浪2与复杂的浪4　　图8-2 复杂的浪2与简单的浪4

在较大的浪级，例如完整的牛市和熊市，调整浪也会相应变大。在为最终的向下摆动做准备的过程中经常会非常沉闷。首先是一个相对重要的向下运动，我用大写字母"A"来标注。随后是向上的摆动并标注为浪"B"。第三次也就是最后一次向下的运动就是浪"C"。浪"A"可能是"锯齿形"模式。在此情况下，浪"B"就是倒置的"平台形"。如果浪"A"是"平台形"，那么浪"B"就会是倒置的"锯齿形"。不管是哪种情形，浪"C"都是由向下的5个浪组成，并且非常剧烈，下跌会接近前一轮牛市的起始点。因此，浪"A"和浪"B"是交替。（道琼斯工业价格平均指数）从1928年的11月至1938年的3月31日，是一个"平台形"调整；从1938年3月31日至1939年10月是"锯齿形"（倒置）；从1939年10月至1942年5月是一个"平台形"。

"不规则"顶就是浪"B"超过了先前牛市第5浪的顶部，参见第7章的解释。甚至这样的情形也会交替。1916年的顶部是"不规则"的；1919年的顶部就是"正规"的；1929年是"不规则"的；1937年是"正规"的。

截止到1906年，铁路股指数引领向上运动。随后的34年（FSS，斐波纳契加法数列中的数字），也就是从1906年到1940年是工业价格指数引领向上运动。1940年后，铁路股指数再次成为领涨者。

第9章
刻度

09

◉ 导读笔记

1. 从本章开始，对波浪理论的阐述从"图形"阶段进入了"图表"阶段。

2. 通常情况采用算术刻度，只有出现膨胀的情况时才改用半对数刻度。

半对数和算术

仅使用算术刻度或对数刻度并将此作为一般性的惯例是错误的，这样就不会去研究它们的价值和实用性了。我们一般要采用算术刻度，除非是需要采用对数刻度。

在一轮 5 浪的上升中，"基线"（Base line）沿着第 2 浪和第 4 浪的结束点绘制，然后沿着第 3 浪的结束点画平行线（Parallel line），如图 9-1 所示。

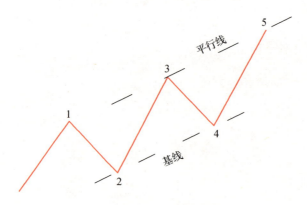

图9-1 基线与平行线的绘制

当采用算术刻度的时候，第 5 浪通常会在平行线附近结束。然而，如果第 5 浪大大超过了平行线，并且第 5 浪的构成表明还没有完成它的模式，那么从浪 1 开始的所有运动都将采用半对数刻度重新绘制。在新的刻度下，第

5 浪可能到达，但不能超过平行线。例如：如果将相同的数据绘制在两种刻度上，就会如图 9-2 和图 9-3 所示的那样。

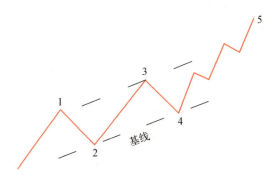

图9-2　算术刻度的波浪

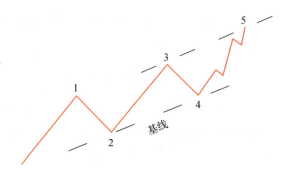

图9-3　半对数刻度的波浪

当半对数刻度成为必需时，膨胀就出现了。如果采用了半对数刻度而膨胀没有出现，第 5 浪就不会到达平行线，并且会距离平行线很远，如图 9-4 所示。

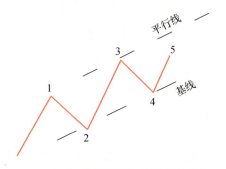

图9-4　半对数刻度并未膨胀的波浪

◉ 精华笔记

这里主要回答了以下两个问题。

第一,如何通过作辅助线的方式预测第 5 浪大概在何位置结束。

答:可以按照下面的步骤作波浪理论的辅助线。

(1)在算术刻度的图表中,连接第 2 浪和第 4 浪的终点作出"基线"。

(2)通过第 3 浪的终点作基线的平行线。

(3)当第 5 浪的实际走势超过平行线的位置,并且内部结构还没有走完,那就需要改为半对数刻度,重新绘制图表。

第二,采用了半对数刻度后,浪 5 的终点一定会在新的平行线上吗?

答:不一定。若没有发生膨胀,浪 5 的终点通常不会到达新的平行线上(图 9-4);如果出现膨胀,则浪 5 会在新的平行线附近到达终点(图 9-3)。

下面举个例子来分析一下。个股在一个多月的时间里完成了上涨的 5 浪结构,如图 9-5 所示的日线图表。按照作辅助线的步骤,在算术刻度的图表上,分别画出基线和平行线。可以看出,第 5 浪的终点超过了平行线。

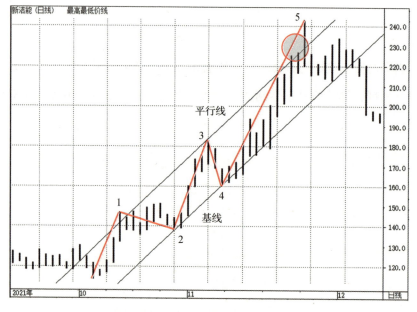

图9-5 算术刻度的例子(605111新洁能)

将图 9-5 改用半对数刻度，如图 9-6 所示。在半对数刻度的图表上，重新画出基线和平行线。可以看出，第 5 浪的终点在平行线下方，随后市场便向下调整。

图9-6　半对数刻度的例子（605111新洁能）

另外，如何在炒股软件中从算术刻度的图表改为半对数刻度的图表？

答：观察图 9-5 和图 9-6 的左上角，可以发现在半对数刻度的图表上会有图 9-6 所示的提示信息"对数"，而算术刻度的图表上并没有提示。

切换主图的坐标系统，操作流程如下。

第一步，在主图空白处右击鼠标，弹出如图 9-7 所示的主图菜单；

第二步，选择"主图坐标"—"对数坐标系"。

图 9-7 中的"对数坐标系"前面有个打勾的符号，表示当前图表已经是对数刻度。要想从半对数刻度的图表改回算术刻度的图表，只需要

选择图 9-7 中的"普通坐标系"菜单项即可。

图9-7 选择"主图坐标"子菜单

第 10 章
实例

10

导读笔记

1. 本章以埃克斯－霍顿－伯吉斯指数为例，综合应用了牛市的5浪结构、延展浪中的延展浪、半对数刻度、作辅助线，以及斐波纳契数列的数字等知识。

2. 波浪的模式、时间和空间，大都与斐波纳契数列数字的比率吻合。

前面几页关于自然法则的说明将有助于理解下面的图形。

图 10-1 是埃克斯－霍顿－伯吉斯指数（Axe-Houghton-Burgess Index）1857—1932 年的示意图，采用半对数刻度绘制。注意从 1857 年到 1928 年 11 月的这 5 个浪，这是能够记录的最大浪级。注意基线沿着第 2 浪和第 4 浪绘制，平行线沿着第 3 浪绘制。第 5 浪在 1928 年 11 月触及了平行线。这轮运动整体上是膨胀的。因此，半对数刻度就是必需的。然而，算术刻度在绘制几个单独的牛市时也是必需的。注意：从 1932 年开始的下跌正好到达第 5 浪 1896 年的起始点。

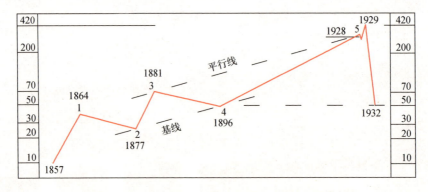

图10-1　埃克斯-霍顿-伯吉斯指数（1857—1932年）

图 10-3 是图 10-1 中第 5 浪的细节。从 1896 年到 1928 年，采用的是半对数刻度，并被分成了下一个浪级的 5 个浪。

1857—1928 年的运动由 5 个浪组成，如图 10-1 所示。浪 5 从 1896 年开始，这个位置也是 1929—1932 年期间下跌的最低点——换句话说，一个正常的调整浪。

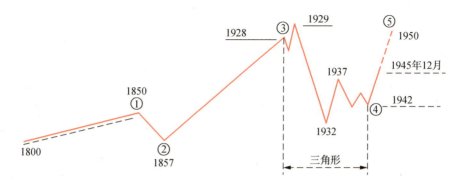

图10-2　埃克斯-霍顿-伯吉斯指数（1800—1950年）①

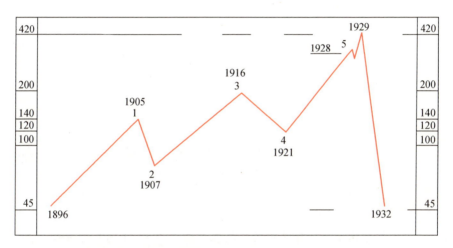

图10-3　埃克斯-霍顿-伯吉斯指数（1896—1932年）

第5浪从1896年开始，并细分为5个浪，如图10-3所示。

这轮运动中的第5浪从1921年开始，再次分成了5个浪，如图10-4所示。换句话说，从1857年开始的整个运动被细分了三次。

图10-4是道琼斯工业价格平均指数1921—1928年的图形，采用半对数刻度绘制。注意：基线是沿着第2浪和第4浪绘制的，平行线是沿着第3浪绘制的，第5浪正好触及同一条线。

---

① 译者注：图10-2是埃克斯-霍顿-伯吉斯指数1800—1950年的走势示意图，图中显示该指数走了5个大浪：浪①为1800—1850年；浪②为1850—1857年；浪③为1857—1929年，其中图10-1是该大浪的细结构；浪④为1929—1942年，呈现典型的三角形走势；浪⑤从1942年开始，艾略特先生预计至少要到1950年。

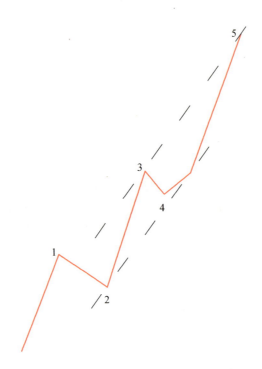

图10-4 道琼斯工业价格平均指数1921—1928年的图形

◎ 精华笔记

三次细分体现了延展浪中的延展浪,参见图14-1(b)的图形。

第一次细分是将1857年至1929年的走势分为图形Z1的5浪结构。

第二次细分是将图形Z1的第5浪分为图形Z2的5浪结构。

第三次细分是将图形Z2的第5浪分为图形Z3的5浪结构。

• • • • • • • • •

缺乏过去历史的知识导致出现"大萧条"(The Great Depression)这种错误的表达方式。因此(我)在这里和其他活动中要强调历史的至关重要性。

道琼斯工业价格平均指数采用算术刻度绘制,而且浪1和浪3的幅度再次为浪5的62%(参看图11-1)。

从1857年到1928年,有7个牛市和6个熊市,总数为13(FSS,斐波纳契加法数列中的数字)。从1857年到1928年中的所有牛市在各方面都是正常的。[①] 记住，从 1921 年到 1928 年，有 3 个牛市和 2 个熊市，而不是 1 个牛市。2 个熊市是低于正常的。

时间因素非常重要，因为它确认并遵循模式。例如：从 1928 年到 1942 年是 13 年（FSS，斐波纳契加法数列中的数字）；从 1937 年到 1942 年是 5 年（FSS，斐波纳契加法数列中的数字），同时结束。从 1928 年到 1942 年所有的运动是一种模式——三角形。这个三角形的每一浪都是前一浪的 62%。所有的三种要素，模式、时间和比率都非常完美，并且与斐波纳契加法数列一致（参看图 11-1 和图 11-2）。

在前几页中已经解释了自然法则。斐波纳契加法数列中的数字应用在以下三个方面：

波浪数；

时间（日数、周数、月数和年数）；

斐波纳契加法数列中数字的比率，62% 应用在所有地方。

[①] 译者注：各方面是指涨跌幅的比率、规律、时间、数字等均符合自然法则。

第 11 章
13 年的三角形

11

◎ **导读笔记**

本章对图 10-2 里的三角形（1929—1942 年）作进一步的分析，综合应用了三角形、平台形、锯齿形、算术刻度、辅助线，以及斐波纳契数列的数字等相关知识。

• • • • • • • • •

时间因素

1928 年 11 月的正规顶为 299 点；1932 年的底部为 40 点，净运行了 259 个点。1932 年到 1937 年期间，从 40 点运行到了 195 点，净运行了 155 个点。155 与 259 的比率约为 60%。

从 1928 年 11 月的正规顶到 1932 年 7 月是 13 年三角形的浪①；从 1932 年 7 月到 1937 年 3 月是这个三角形的浪②，如图 11-1 所示。从 1937 年 3 月到 1938 年 3 月是这个三角形的浪③。

1937 年 3 月，指数运动到了 195 点，这是因为其他的原因而不是模式、比率和时间这三种因素。从 1921 年到 1928 年的上涨是从 1896 年开始的第 5 浪的延展浪，如图 6-12 所示，一个延展浪的"双重回撤"。1929 年 9—11 月期间下跌到 195 点是第一次回撤的一部分。1932 年到 1937 年期间，从 40 点上涨到 195 点完成了双重回撤。请注意，指数在 1929 年 11 月和 1937 年 3 月精确地到达了 195 点。参看图 11-1。

有必要强调，从 1932 年到 1937 年，155 个点的运动幅度并不是一个典型的牛市。它的范围受到前 1 章描述过的三种强大的技术力量驱动，例如：

（A）从 1928 年 11 月到 1932 年下跌到 40 点的运动需要 62% 比率的恢复；

（B）要完成 1921—1928 年延展浪的双重回撤；

（C）时间因素，60 个月，也就是 5 年；

（D）模式。

实际上，这个运动服从了 4 个必须的要求：波浪模式、幅度、双重回撤和时间，所有这些都完全基于斐波纳契加法数列。

从 1928—1942 年的这个 13 年三角形由如下 3 种模式组成。

- 1928 年 11 月至 1938 年 3 月，"平台形"（三角形的浪①、浪②和浪③）。
- 从 1938 年 3 月至 1939 年 10 月，倒置的"锯齿形"，三角形的浪④。
- 1939 年 10 月至 1942 年 4 月，"平台形"，三角形的浪⑤。注意模式的交替，"平台形""锯齿形"和"平台形"。

很多相似的其他例子可以被引用。

幅度的比率。在 1921—1928 年期间，上涨中的浪①和浪③的幅度为 98 个点，浪⑤的幅度为 160 个点，比率约为 62%。

注意图 11-1 和图 11-2 上穿越底部的横线。

1921 年（膨胀开始）到 1942 年（膨胀结束）为 21 年（FSS，斐波纳契加法数列中的数字）。

1921 年至 1929 年，8 年，13 年的 62%。

1921 年 7 月至 1928 年 11 月，89 个月。

1929 年 9 月至 1932 年 7 月，34 个月。

1932 年 7 月至 1933 年 7 月，13 个月。

1933 年 7 月至 1934 年 7 月，13 个月。

1934 年 7 月至 1937 年 3 月，34 个月。

1932 年 7 月至 1937 年 3 月，60 个月——5 年。

1937 年 3 月至 1938 年 3 月，13 个月。

1937 年 3 月至 1942 年 4 月，5 年。

1929 年至 1942 年，13 年（21 年的 62%）。

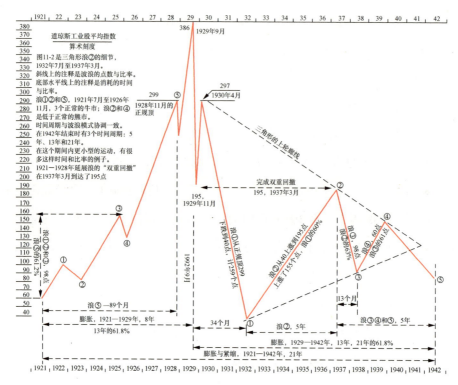

图11-1　1921年至1942年的波浪

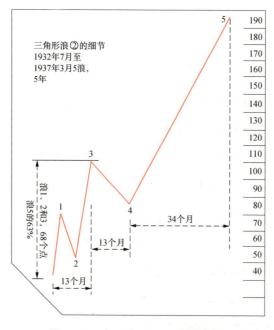

图11-2　1932年至1937年的波浪

图形

三角形的模式和描述参见图 5-27 至图 5-36。1928 年 11 月到 1942 年 4 月期间的这个三角形是对称三角形,它与普通类型的区别在于有两种模式——"平台形"和"锯齿形"。这个三角形首先是平台形,随后是锯齿形,然后是再一次的平台形。这样的情形是以下原因导致的:

- 巨大的规模;
- 模式的交替;
- 上涨到 1937 年的 195 点以完成 1921—1928 年膨胀的延展浪的双重回撤的必要性;
- 在 1942 年完成模式——从 1921 年起算是 21 年;
- 维持 62% 的比率;
- 回撤到 1896—1928 年的第 5 浪(起始点)。

以上所有的都是非常大的规则。

这个三角形的构成包括:

- 从 1928 年 11 月到 1938 年 3 月的"平台形"。
- 从 1938 年 3 月到 1939 年 10 月的倒置"锯齿形"。
- 从 1939 年 10 月到 1942 年 4 月的"平台形"。

"平台形"的描述参见图 5-7 至图 5-9。倒置的锯齿形描述参见图 5-4 至图 5-6。在图 11-3 再现了所有的构成和与其一致的三角形的波浪数。

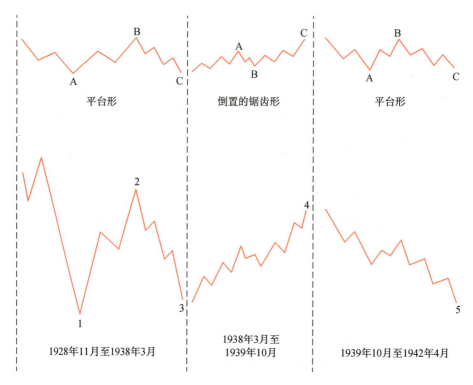

图11-3　1928年至1942年的调整浪分析

细节描述

道琼斯工业价格平均指数从1928年11月到1942年4月的图表采用的算术刻度（图11-4）。图中的每一根垂直线条代表了月线（最高点和最低点）的范围。

三角形的浪①是从1928年到1932年，由浪Ⓐ、浪Ⓑ和浪Ⓒ组成。浪Ⓐ是1928年11—12月，是由3个向下的浪组成的，它们的速度非常快，因此只能在日线上才能看清楚。浪Ⓑ是倒置"平台形"的"不规则"顶。浪Ⓒ从1929年9月到1932年7月，是由5个向下的浪组成，参见图11-4中的数字，浪Ⓒ历时34个月。

三角形的浪②是从1932年到1937年，由于是由5个浪组成，因此（看上去）是典型的牛市（图 11-2）。然而，其反常的规模可以归为浪级非常大的"倒置平台形"，并且是一个"调整浪"的一部分。浪②历时 5 年。

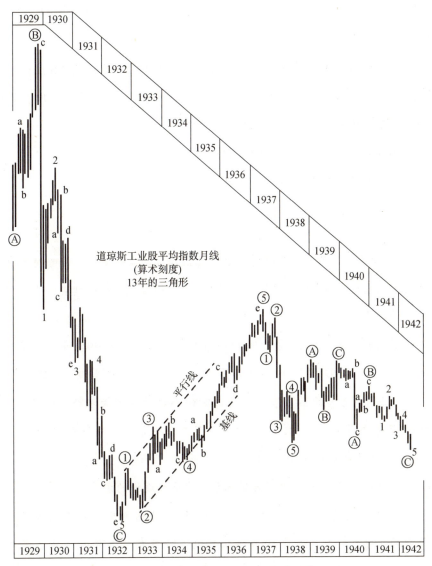

图11-4　1928年至1942年的波浪细节

三角形的浪③从 1937 年到 1938 年，历时 13 个月，有 5 个向下的浪。

从 1928 年 11 月到 1938 年 3 月，三角形的浪①、浪②和浪③因此形成了"平台形"。

从 1938 年到 1939 年的三角形浪④是"倒置的锯齿形",对应了图 5-5 的描述。

三角形的浪⑤是从 1939 年到 1942 年 4 月,是"平台形"。它下垂并且时间很长。它极端长的时间非常有必要,这是为了与从 1928 年开始的 13 年时间和从 1921 年 7 月开始的 21 年时间相一致。

正如在第 5 章倒数第 6 自然段中所阐述的那样,三角形的第 5 浪在三角形轮廓的内外都可以。在这个例子中,第 5 浪就越出了三角形的轮廓,而且浪Ⓐ、浪Ⓑ和浪Ⓒ都是完美的 3 个浪组成的。

浪Ⓑ是浪Ⓐ的 62%;也是浪Ⓒ的 62%。

换句话说,浪Ⓐ和浪Ⓒ的长度相同。

◉ 精华笔记

1. 13 年的三角形是艾略特波浪理论最经典的案例之一。艾略特先生使用了从宏观(第 10 章)到微观(第 11 章)的方式,引导读者一步一步进行学习。

从图表的宏观视角来看,图 11-1 中的三角形(1929—1942 年,13 年时间的三角形)是相对于图 10-2 中的第③浪所作的一次大型整理,即第④浪。

而图 10-2 中的第③浪,作为当时能够记录的最大浪级——1857—1929 年形成的 5 浪结构,内部又包含了 7 个牛市和 6 个熊市。(此处将 1928 年 11 月近似记为 1929 年。)

可以说,13 年的三角形着实属于一次巨大规模的调整。

2. 从图表的微观视角来看,1921—1929 年这 8 年的牛市,从 1921 年起步的 60 多点上涨到 1929 年前后的 300 多点。13 年的三角形是对这 8 年进行的整理,艾略特先生认为整个膨胀过程直到 1942 年才结束。(8+13=21,8、13、21 都是斐波纳契数列中的数字。)

图 11-4 使用了月线级别的杆状图,相比于图 11-1 右侧的三角形结构,丰富了更多市场价格的细节。且图 11-4 上还标记了不同的浪级,便

于对图 11-3 的调整浪结构进行分析。

将细节描述的逻辑在图 11-4 上表示出来，如图 11-5 所示。

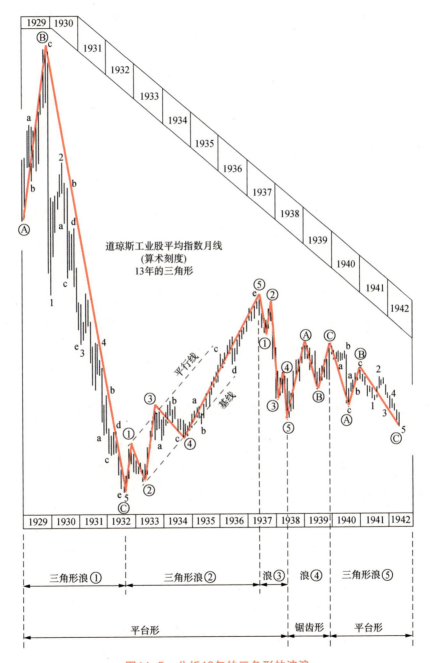

图11-5 分析13年的三角形的波浪

注意，图 11-5 最下面的阶段划分，三角形浪①、②、③、④和⑤是与图 11-1 右侧的三角形对应的。

3. 从大的结构来说，13 年的三角形包含了平台形、锯齿形和平台形三个阶段。这体现了交替的法则，也对应了调整浪的"放大"的知识点。

其中，第一个平台形持续的时间很长，内部结构也相对复杂。

三角形浪①中的浪Ⓒ，下跌十分剧烈，它的内部是一个完整的 5 浪下跌，图中使用 1、2、3、4、5 来表示。而其中的第 3 浪和第 5 浪又被划分成多个小浪。

而三角形浪②，反弹力度很大，从 40 点上涨到 195 点。这段上涨持续了 5 年时间，也可以划分出 5 浪结构，如图 11-5 中的 1932—1937 年间的浪①、②、③、④、⑤。

4. 三角形浪②的第 5 浪在算术刻度的图表上，持续时间长，上涨幅度大。艾略特先生认为它属于"反常的规模"，因此，又可以将其视为一个"倒置平台形"，如图 11-6 所示。图的左上角是按照倒置平台形的方式进行的数浪（参考图 5-12）。

图 11-6 说明针对同一段走势，艾略特先生也会使用不同的数浪方式进行分析。而识别波浪的模式，会结合更大范围的走势综合判断。

5. 观察三角形的浪⑤，如图 11-7 所示，图中的数浪方式是按照平台形的方式（参考图 5-9）。

将图 11-7 中平台形的折线提取出来，如图 11-8 所示。此平台形的浪Ⓐ的高度是 h1，浪Ⓑ的高度是 h2，浪Ⓒ的高度是 h3。三个浪的空间关系大致如下。

$$h2 \approx h1 \times 62\%$$

$$h2 \approx h3 \times 62\%$$

$$h1 \approx h3$$

第11章 13年的三角形

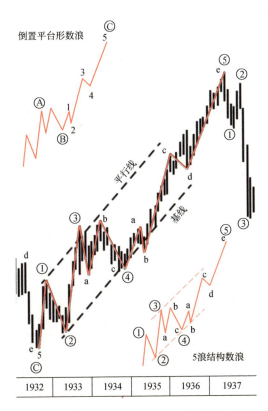

图11-6 分析三角形浪②的两种数浪方式（5浪结构与倒置平台形数浪）

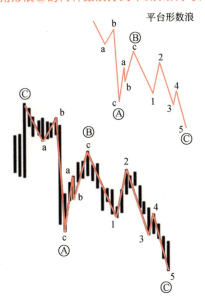

图11-7 三角形浪⑤的分析方式（平台形数浪）

095

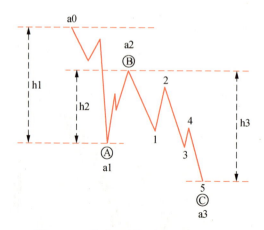

图11-8 "对称跌"的空间分析方式

当h1和h2确定之后,测算h3的位置,这是一种非常重要的实战技术,俗称"对称涨"或者"对称跌"。

继续以图11-8的下跌为例,假定浪Ⓐ的起点价格为是a0,浪Ⓐ的终点价格是a1,浪Ⓑ的终点价格是a2。那么估算"对称跌"的目标价位,即浪Ⓒ的终点价格a3为

$$a3 \approx a2-(a0-a1)$$

然后将图11-8倒置,如图11-9所示,估算"对称涨"的目标价位,即

$$a3 \approx a2+(a1-a0)$$

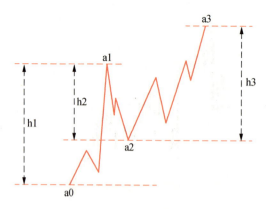

图11-9 "对称涨"的空间分析方式

第 12 章
膨胀

12

◉ 导读笔记

1. 借助自然界的膨胀理解波浪理论中的膨胀。
2. 结合第 9 章的半对数坐标来理解膨胀的概念。

"膨胀"这个术语在字典中的定义是:"延伸超过了自然的极限。"

一个牛市不会超过"自然的极限";一系列的牛市,一个接着一个,就可能会"超过自然的极限"。一个牛市不会"接着另外一个"牛市,除非两个牛市之间的熊市是低于正常的。

由于低于正常的熊市,在 20 世纪 20 年代曾经出现过膨胀。在这个期间,有 3 个正常的牛市和 2 个低于正常的熊市,一共是 5 个。

出现膨胀的预兆如下:

- 正常的浪 1;
- 低于正常的浪 2;
- 正常的浪 3;
- 低于正常的浪 4;
- 浪 5 突破算术刻度的"平行线"。参见图 9-2。

图 12-1 用图形的方式展示了一个自然的牛市和一个自然的熊市调整浪,(浪 a、浪 b 和浪 c)充分刺穿了用虚线绘制的"基线"。

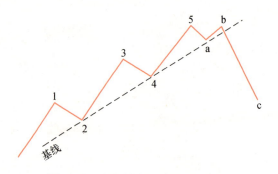

图 12-1　自然的牛市与熊市的波浪

第12章 膨胀

图 12-2 用图形的方式展示了一个低于正常的熊市调整浪，勉强刺穿了"基线"。

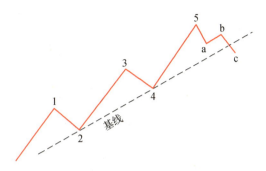

图12-2　熊市低于正常时的波浪

图 12-3 展示了从 1921 年到 1928 年 11 月道琼斯工业价格平均指数的波浪，采用的是算术刻度。浪 5 刺穿了"平行线"。刺穿"平行线"后就要求从 1921 年开始的整个画面都要采用对数刻度绘制。

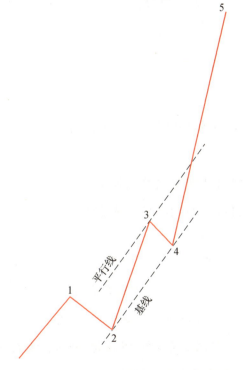

图12-3　1921年至1928年的波浪（算术刻度）

图12-4是相同的道琼斯工业价格平均指数采用对数刻度后的图形。浪5触及了但是没有刺透"平行线"。

图12-4　1921年至1928年的波浪（半对数刻度）

确定膨胀在什么点数以及何时中止的方法有三种：

- 前面阐述的方法。
- 比率，图11-1和图11-2中所描述的。
- 时间，图11-1和图11-2中所描述的。

◎ 精华笔记

1. 膨胀的发生，与回撤的正常幅度是相关的。当浪2和浪4的回撤幅度都达不到"正常"的情况时，第5浪容易发生膨胀。

2. 继续以图9-5的案例来分析"不正常"的回撤幅度，如图12-5所示。

采用图11-8和图11-9关于空间分析的标注方式，在图12-5中，分别标记了价格空间 h1、h2、h3、h4。

h1 表示浪 1 的价格空间；

h2 表示浪 2 的价格空间；

h3 表示浪 3 的价格空间；

h4 表示浪 4 的价格空间。

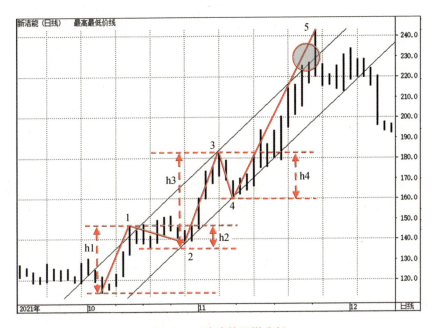

图12-5　波浪的回撤分析

在表 12-1 中，分别记录计算 h1、h2、h3、h4 需要的相关价位，然后分别计算 h2 和 h4 的回撤比例。图 11-7 中的回撤比例是 62%。与之相比，33% 和 48% 是相对较小的回撤。

表12-1　波浪的回撤比例分析记录表

	最低价（元）	最高价（元）	价格空间（元）	回撤比例（%）
浪1	113.72	147.00	33.28	
浪2	135.90		11.10	33
浪3		182.96	47.06	
浪4	160.20		22.76	48

3. 测算浪5可能在什么价位结束。

方法1：在半对数刻度的图表上，作出基线的平行线。此方法在炒股软件上使用画图工具即可。测算的点位也可以在图表上利用鼠标定位直接查看纵坐标对应的数字。

方法2：图11-1和图11-2中所描述的方法。

先计算浪1、浪2和浪3的绝对价格空间（假定数值为H），然后利用价格空间H大约是浪5的价格空间h5的62%估算，如图12-6所示。

$$H=182.96-113.72=69.2（元）$$

$$h5（估算）=H/62\%=69.2/0.62≈111.61（元）$$

在膨胀的情况下，浪5可能结束的价位是：

$$a5（估算）=a4+h5（估算）=160.2+111.61=271.81（元）$$

图12-6中，实际上浪5的最高价是243.10元，并没有达到估算的目标价。

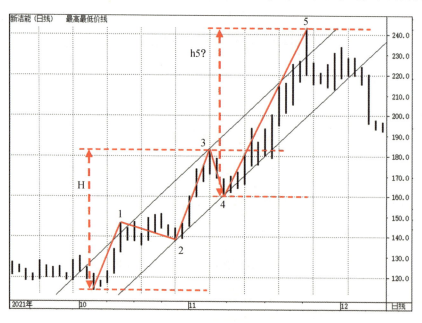

图12-6　膨胀的目标价格估算分析

这个结果可以接受吗？可以。

在波浪理论中，第5浪可能到达半对数刻度的平行线，但是，并不是每一次膨胀都能够触达理想的价位。回顾图9-6,该股在半对数刻度的图表上距离平行线也有一点差距。投资者应当平心接受估算价位与实际走势之间存在差异,这是很正常的。

4.估算膨胀的目标价位有什么意义呢?

如图12-7所示,在算术刻度的图表上,以价格触达平行线的方式估算第5浪,市场可能在215元附近结束上涨。

如果发生膨胀,那么估算的目标价位在271元附近。

两者之间相差了50多元。

由于膨胀通常是在相对短的时间里快速上涨,因此属于高风险高收益的交易机会。在图12-7中h5+对应的价格空间内制订交易计划并执行获利,很考验交易者的技术水平。

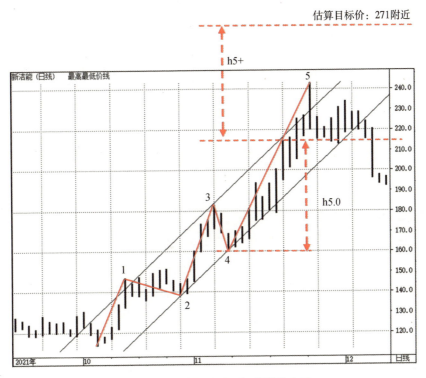

图12-7 估算膨胀的目标价格的意义

第 13 章
黄金价格

13

◉ 导读笔记

利用波浪理论分析黄金价格。它是一个持续几百年的牛市。

• • • • • • • •

黄金价格是表明算术刻度与对数刻度两种刻度之间重要功效差异的另外一个例子。图 13-1 记录了贯穿 1250—1939 年的牛市，这个牛市持续了接近 7 个世纪。在图 13-2 中，浪②是"简单"的；浪④是"复杂"的。请注意浪④中的浪Ⓐ、浪Ⓑ和浪Ⓒ。

在图 13-2 中采用的是算术刻度，价格线超越了"平行线"，因此，这个图形需要采用半对数刻度。采用对数刻度的"平行线"标示了任何人类活动中膨胀的最终顶部。

当一轮 5 个浪的上涨在**算术刻度**的**通道中完成**时，膨胀就不存在了。

下面的图形

图 13-2 中缓慢上涨的浪①表明那个期间黄金的市场价格是"自由"的，也就是没有任何权力固定黄金的市场价格。随后，上涨突然中断，并且调整浪横向运动，这表明价格被某种权力控制了，可以假设为政治性权力。

调整浪可以横斜向、向上或是向下，注意图 13-2 中的浪④。

根据在这里介绍的法则，如图 13-1 表明的那样，如果采用对数刻度，当一个模式完成时浪⑤触及了"平行线"，价格上涨就不会再发生了，一直到价格线刺穿"基线"一些点数后。

因此，最有可能的就是，现在 168 先令的黄金价格将会保持不变，**至少**要持续到 2300 年触及"基线"的时候，正如图 13-1 中所表明的（虚线最右端）。

第13章 黄金价格

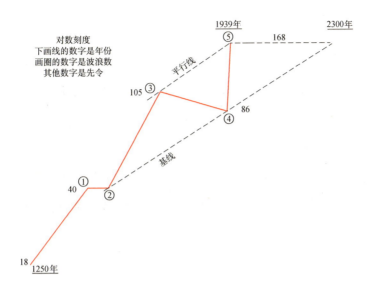

图13-1 黄金价格的波浪（半对数刻度）

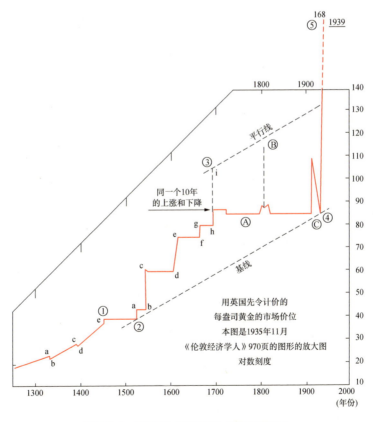

图13-2 黄金价格的波浪（算术刻度）

◉ **精华笔记**

在图 13-1 的半对数刻度图表与图 13-2 的算术刻度的图表中,同样是 168 先令的价格,但呈现了完全不一样的与平行线的相对位置。图 12-2 中作出的辅助线也借鉴了此思路。

图 13-1 和图 13-2 使用折线图来表达波浪结构,类似于图 10-1、图 10-2 和图 10-3。当我们利用波浪理论分析持续几十年,甚至是几百年的价格走势时,使用折线图的好处是可以过滤掉大量的小周期上的信号,从而令其直观呈现出市场的大轮廓。

● ● ● ● ● ● ● ● ●

第 14 章
专利

14

艾略特波浪理论：精华笔记图文版

◎ 导读笔记

专利属于一种特殊的人类活动。分析本章的图形，可以发现在20世纪初追逐"美国梦"的人才及其智慧成果与股市呈现出某种相关性。

· · · · · · · ·

"人类的活动"这种表达包括了每一种活动，不仅有股市，还有生产力、人寿保险、从城市到农村和相反的迁移等等。正如第3章中各种各样的条目一样。

偶尔，一些非同寻常的条目会自我展示出来。例如"专利"这样的例子——一种非情绪化的人类活动。图14-1（a）是1850—1942年专利申请的记录，请注意这5个浪。第5浪从1900年延展到1929年。工业价格平均指数在几乎相同的期间内遵循了相同的模式。注意模式中的"调整浪"有3个浪——浪A、浪B和浪C，时间从1929年到1942年。股市在同一段时间内遵循了相同的模式，除了从1928年到1942年的"调整浪"由三角形代替了浪A、浪B和浪C。[①]

在早些时候，农业是天然的职业。随处可见的农民可能拥有一个商店或是制造一些东西作为副业。制造以单件为基础，并且是在家里完成的。

美国的自然资源、气候、禀赋和民主都需要以公司制的形式为个人的创造性提供资金。

发明和机器的采用逐渐改变了一切。

---

① 译者注：图14-1是复合图形的模式。艾略特先生采用这种图形模式把几种相关的图形放在同一张图上进行展示。图14-1（a）是专利的图形，图14-1（b）是股市的图形。其中，专利的图形包含了3个，分别为X1、X2和X3。X2是X1第5浪的小浪；X3是X1第5浪的调整浪。股市的图形包含了4个，分别为Z1、Z2、Z3和Z4。Z2是Z1第5浪的中浪；Z3是Z2第5浪的小浪；Z4是Z1第5浪的调整浪，它是个三角形。

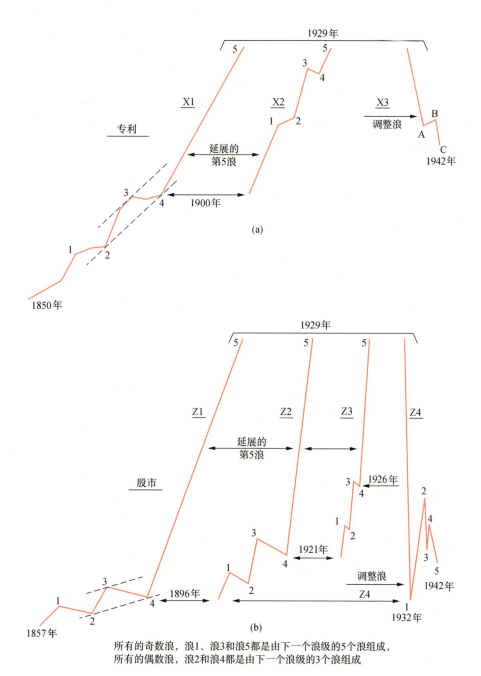

图14-1 专利的波浪与股市的波浪

所有的奇数浪，浪1、浪3和浪5都是由下一个浪级的5个浪组成，所有的偶数浪，浪2和浪4都是由下一个浪级的3个浪组成

路易斯安纳购买案、征服加利福尼亚，以及获得德克萨斯和俄勒冈，加上与加拿大和墨西哥划定了国界，增加了价值巨大的领土。

禀赋过去是，现在仍然是资产的根源。这在1850—1942年期间专利申请的图形中已经得到了证明。请注意这个模式与股市的模式是一致的。美国有一个重要方面与世界上其他的所有国家存在着本质的差异——我们的祖先来自世界各地。他们因为不满祖国的暴政和政治才来到这里享受自由，并发挥他们的天分。

第 15 章
技术特征

15

⊙ 导读笔记

本章列举了多个关联性不大的市场，阐述技术走势包容一切的观点。

• • • • • • • •

一种活动的运动很少能成为另外一种活动的可靠指南。图 15-1 有 3 个图形——伦敦工业股指数、道琼斯工业价格指数和美国生产力指数。所有这些图形标绘的（时间）都是从 1928 年到 1943 年 1 月。生产力数据是由克利夫兰信托公司提供的。

图 15-1（Y）记录了道琼斯工业价格平均指数从 1928 年 11 月（正规顶）到 1942 年 4 月的 5 浪三角形。"正规"这个术语在其他地方已经阐述过。这个三角形的第 2 浪、第 3 浪和第 4 浪的幅度都接近前一浪的 61.8%。这个三角形通过①自身的轮廓，②时间要素，③每一个的构成和④每一浪与前一浪的比率证明了它的存在。由于 1921—1929 年（8 年）的高速膨胀导致随后快速下跌到了 1932 年（34 个月）。这样，就像逐渐静止的钟摆一样，平均指数的上涨与下跌交替进行，从而形成了一个对称三角形。这个三角形在 13 年的时间内忽略了以下事件：

- 从共和党转向了新政；
- 美元的贬值；
- 拒绝政府债券的黄金条款；
- 打破了两个时期的先例；
- 1939 年开始的第二次世界大战。

生产力指标从 1938 年开始提高，并在 1941 年结束了这个 5 浪模式。

图 15-1（X）展示了伦敦工业股指数 140 点的顶部在 1929 年 6 月形成；1936 年 12 月的点数是 143 点；1932 年和 1940 年的最低点都是 61 点。从 1940 年到 1943 年 1 月，指数上涨到了 131 点。1720 年、1815 年和 1899 年，伦敦股市都到达了最高位，大约相隔 89 年（FSS，斐波纳契加法数列中的数字）。伦敦的工业股指数在 1929 年并没有跟随纽约股市。

图 15-1(Z) 克利夫兰信托公司编制的生产力指数记录的 1929 年 6 月的顶部是 116 点；1936 年是 112 点；最低点是 1938 年的 63 点。从 63 点开始了一轮 5 浪上涨，模式完成的时间为 1941 年 6 月。在这之后，道琼斯工业价格指数才在 1942 年 4 月从三角形的末端开始上涨。

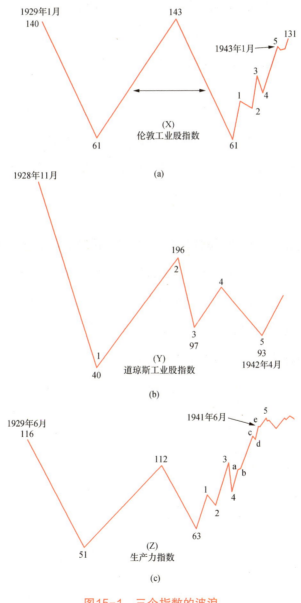

图 15-1　三个指数的波浪

在 1857 年到 1928 年期间，我们参与了三次战争：内战、对西班牙的战争和第一次世界大战。然而，超级循环的模式非常完美，如同在其他地方被证实的一样。即使英国股市出现膨胀也不会遵循我们的股市膨胀方式。股票和商品从来都没有同时膨胀过。因此，如果商品在探索最高位置，就不能因此认为股市也将在同期做相同的运动。商品在 1864 年和 1919 年膨胀过——间隔 55 年。

消息毫无价值的结论将在第 17 章进行证明。一名财经记者曾经写道：

债券价格根据来自萨勒诺（意大利城市）的利好消息上涨，以及它们在 8 月依据来自西西里岛（意大利南部岛屿）类似利好信息而回调的事实，导致研究者得出这样的结论，8 月份回调的主要原因是技术上而不是军事事件的发生。

一天，伦敦市场经历了剧烈的"闪电战"。伦敦股市上涨而纽约股市则在下跌。两地的财经记者都强调"闪电战"是本地市场表现的原因。那时，伦敦市场正处于上涨趋势中；纽约则处于下跌趋势中。墨索里尼在 7 月 25 日倒台后，两地出现过相同的波动。

上述分析证明了技术因素在所有的时间都支配着市场。

第 16 章
道琼斯铁路价格平均指数

16

艾略特波浪理论：精华笔记图文版

◎ 导读笔记

本章以道琼斯铁路价格平均指数为例，展示了如何以图表的方式进行多维度研究。

· · · · · · · ·

对铁路股指数的研究非常有趣，并且是有益和有利可图的。

在我们的经济领域，运输是最重要的人为因素，因为自从购买了路易斯安那州，并与加拿大和墨西哥确定了国界，再加上德克萨斯州和加利福尼亚州后，我国的领土非常辽阔。

图16-1（X）是1906—1944年1月期间，铁路价格平均指数和工业价格平均指数的比率。这证明了相对于工业价格平均指数，铁路价格平均指数在1906—1940年（34年）期间非常疲软。

出现这种现象的原因如下：

- 债券相对股票的比率过高。
- 巴拿马运河在1914（1906+8=1914）年开始了商业运行。
- 汽车和飞机。

上面提到的三种因素导致了铁路债券和铁路股票的疲软，以至于在1940年时有1/3的铁路里程数破产清算，其他的2/3处于破产清算的边缘。

第二次世界大战暂时削弱了巴拿马运河的竞争力，另外在旅客和货物两个方面也增加了铁路的收入。从1940年以来，尤其是珍珠港事件之后，铁路享受了非同寻常的收益使得铁路公司可以减少债券债务，以及由此发生的固定费用。这种好处是长期的。参看图16-1（Z）。

在1940年，铁路股指数记录下了它们比率的最低点，从那时到1943年7月的上涨如图16-1（Y）所示。工业股在两年后的1942年4月见底，这是13年三角形的结束点。

第16章 道琼斯铁路价格平均指数

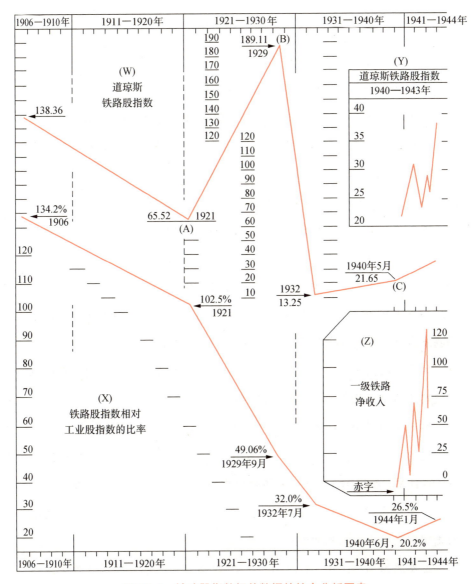

图16-1 铁路股指数相关数据的综合分析图表

1906—1940年,在34年(FSS,斐波纳契加法数列中的数字)期间,铁路股先于工业股向下逆转;向上逆转的时候铁路股则晚于工业股。从1940年后,这个惯例反过来了,也就是铁路股先于工业股向上逆转;后于工业股向下逆转。这个惯例可能会持续很多年。

◎ 精华笔记

1.在研究道琼斯铁路价格平均指数时，图16-1中一共使用了4张图表，它们共用一个横坐标，纵坐标则各不相同。

左上角的图16-1（W）为道琼斯铁路价格平均指数在1906—1944年间的波浪图形，纵坐标是指数点位。其中，1906年的（A）浪的起点在138.36点，（A）浪的终点在65.52点，（B）浪的终点在189.11点，（C）浪的终点在21.65点，但（C）浪的最低点是13.25点。

左下角的图16-1（X）为道琼斯铁路价格平均指数与工业价格平均指数的比率在1906—1944年间的波浪图形，纵坐标是百分比。其中，1906年的起点在134.2%，1921年加速下跌的拐点在102.5%，1929年略微减速下跌的拐点在49.06%，1932年减速下跌的拐点在32%，1940年掉头向上的拐点在20.2%，1944年图表的终点数据是26.5%。

右上角的图16-1（Y）为自从图16-1（X）中向上的拐点出现后道琼斯铁路价格平均指数小一级的波浪图形。

右下角的图16-1（Z）为自1940年以来一级铁路净收入的波浪图形。

总的来说，图16-1（W）和图16-1（X）是相对长期的图表，而图16-1（Y）和图16-1（Z）是相对短期的图表。4张图表绘制在同一张纸上，呈现出"近大远小"的感觉。近期的走势要细致一些，相对久远的走势则只画出大级别的波浪。

2.参照图16-1（W）和图16-1（X）的方法，可以在炒股软件中制作如图16-2所示的分析图表。

周期选择了月线，上面是上证指数，中间是深证成指，最下方是参照图16-1（X）的原理，将上证指数除以深证成指计算出比例并按百分比数值显示的折线。

第16章 道琼斯铁路价格平均指数

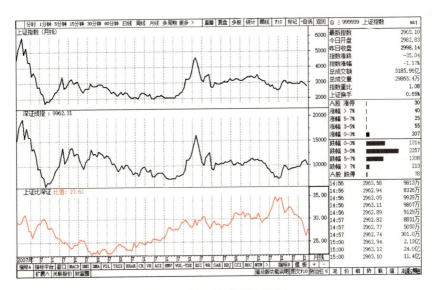

图16-2 练习多张图表的制作

· · · · · · ·

第 17 章
消息的价值

17

◎ 导读笔记

回顾历史走势，市场包容了所有的消息。有的消息会造成市场巨大的反应，有的消息却不会。从大趋势来看，市场选择了消息，并不是消息造就了市场。

· · · · · · ·

华尔街有一句名言，"消息适应市场"。这意味着不是消息"造就了市场"，而是市场预测和评估这类重要的根本性力量在后来可能成为了消息。消息最多是已经作用了一段时间的各种力量的延缓确认，只有那些对趋势毫无意识的人才会大吃一惊。

导致市场趋势的各种力量来源于自然和人类行为，并且能够用各种方式进行测量。力量以波动的形式运行，正如伽利略、牛顿以及其他科学家证明的那样。通过比较这些波浪的结构和长度，就能够非常精确地对这些力量进行计算和预测。

有经验的或是成功的交易者很早就意识到，依赖于任何个人的能力对任何涉及股市的单一消息的价值进行分析都是没有用的。没有任何单一的消息或是一系列的事件能够成为任何持续趋势的内在原因。事实上，相同的事件会在很长的一段时间内在广泛的领域中发挥不同的影响，因为趋势的情况各不相同。通过对道琼斯工业价格平均指数45年来的粗略研究就能够证明这一观点。

国王在这个期间遇刺，还有战争、战争的谣言、繁荣、恐慌、破产、新纪元、新政，以及"摧毁托拉斯"等各种各样的历史性和激动人心的事件发生。然而，不管消息如何，所有的牛市都以相同的方式表现；所有的熊市也表现出相似的特征。这些方式和特征能够控制和测量市场对任何类型的消息的反应，以及总体趋势不同阶段的构成比率和范围；同时还能评估和预测股市的未来活动。

第17章 消息的价值

有时候会发生完全意想不到的事情，如地震。然而，不管意外的程度如何，看起来非常安全的结论是，任何此类事件都会被快速贴现，并且**不会逆转事件前已经明确的运动趋势**。

新泽西州伍德市的 X.W. 莱夫勒先生出版的道琼斯平均指数图形中，按照时间顺序罗列重要的新闻，售价为 1 美元。对这种图形的研究清楚地表明，出现同一类新闻，市场可能上涨也可能下跌。因此，"看清楚森林"的唯一途径就是站在树木的上方看。

战争使得世界范围内的武装力量如此强大，以至于它们表面上控制了其他所有因素，驱动市场在相同的方向越走越远。在不同的时代，战争事件都会在报纸的头版报道。市场在 1937 年 8—9 月出现陡直崩跌，然后在 1938 年的 3 月、8 月和 9 月，以及 1939 年的 3—4 月再次出现，这些陡直崩跌都与战争的发展相一致。然而，在 1939 年 9 月 1 日实际宣战的时候，市场则伴随着巨大的成交量剧烈上涨。对于这种奇怪现象唯一令人满意的解释只能来源于那些时候市场循环的技术形态。

在 1937 年、1938 年和 1939 年初，市场已经完成了重要的反弹，并且在战争事件的时间点已经恢复了下降趋势。因此，这些"战争恐惧"被解释为下跌，并直接加速了下跌趋势。

另外，当 1939 年 9 月战争爆发的时候，市场处于完全不同的形态。图表显示，从 1939 年 7 月下旬开始的下跌阶段是当年 4 月中旬的向上运动的调整。上涨阶段在**9 月 1 日的前 1 周就已经完成了**。事实上，市场在很短的时间内从这浪在 8 月的底部迅速上涨了大约 10 个点。当实际宣战时，市场急速暴跌，只在当天轻微击穿了 8 月的底部，随后以惊人的速度向上弹升。

相对于在随后疯狂攀升中的股票买进者，那些在 8 月买进经过挑选的处于底部的股票的人，以及在第二次战争恐慌底买进的人，获得了巨大的赢利。大多数的后来者为他们的买进感到后悔，因为他们是以顶部的价格买进的，并且是以实质性的亏损卖出的。实际上，钢铁股和其他主要的战争股在战争开始后的不到 2 周就到达了市场的顶部。从那儿以后，因为处于在 1939 年秋天恢复的大熊市循环中，市场基于战争股和战争利润的前景给予了更加一致的看空结论。与此相反，1914—1918 年的第一次世界大战的影响主要是看多的，原因在于从 1913 年年中开始的价格循环类型。

1940 年 6 月，当法国沦陷的时候，很多人都感觉战争会非常短，并且希特勒将不可避免地侵占英国。然而，当道琼斯工业价格平均指数在 5 月到达 110.61 点时，波浪就已经表明最坏的阶段已经结束，应当为一轮实质的中级恢复性行情买进股票。即使在 6 月的上半个月，市场在来自欧洲的高度情绪化的消息影响的情况下，平均指数也仅仅回调到了 110.41 点。

1940 年 11 月选举期间，关于投入巨资以帮助英国防御这个轰动的新闻公告被公布了。很多经济学家和观察者认为执行这个计划将引发通货膨胀的力量，因此应当买进股票。然而，波浪在这个时候表明，从价格的角度，股票不会从这种膨胀中受益，因为从 6 月开始的向上运动已经完成，股票将下跌到很低的价位。随后，市场下跌了接近 50 个点。

◎ 精华笔记

1. 以"二战"前的道琼斯工业价格平均指数为例，说明消息与市场的关系，以及消息的价值。

图 17-1 所示为 1928 年至 1942 年的道琼斯工业价格平均指数的月线图，图中的波浪参照图 11-1，标记了 13 年的三角形的 5 个浪（①、②、③、④、⑤），以及三角形的两条辅助线。观察第⑤浪的终点，这个平台形调整跌破了三角形下面的辅助线。

"二战"前，市场的参与者十分担心战争可能爆发，这导致了图 17-1 中的下箭头指示的两次陡直崩跌。

然而美国宣战之后，即使是法国沦陷的消息，也只是让市场下跌到 110 点附近。

图17-1 结合13年的三角形分析消息的价值

2. 艾略特先生认为技术形态包容了市场的消息，而不是消息造就了市场。这个13年的三角形是市场的大型整理，即使是战争期间的头条"大消息"，也难以对市场造成毁灭性影响。

当这个13年的三角形第⑤浪的终点出现之后，参照图5-27的图形中的"冲刺"，后面将迎来新一轮牛市，如图17-2所示。

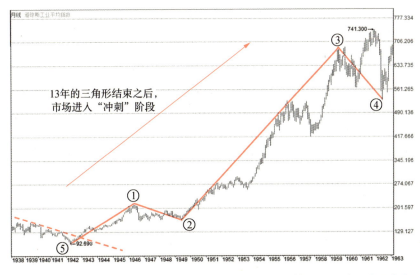

图17-2 大三角形之后的"冲刺"阶段（部分走势，算术刻度的月线图表）

图 17-2 为"冲刺"阶段之后的 20 年走势,从 100 点附近涨到了 700 多点。然而,这 20 年的走势也只是"冲刺"阶段牛市的大半部分。图中的波浪(①、②、③、④)参考了小罗伯特·普莱切特在《艾略特波浪理论:市场行为的关键》一书的图 5-5 中进行的标记。

第 18 章
制图法

18

◎ 导读笔记

1. 在艾略特先生所处的时代，交易者既可以购买大公司出售的图表，也可以自己绘制图表。由于古典时期是在纸上制图，每一张图都是静态的。这与当代使用炒股软件自动生成的图表相比，给投资者的感觉很不一样。

2. 注意制图纸上的单位格子所代表的价格空间和时间周期是由制图者主观确定的。

· · · · · · · ·

研究者可能会从我认为必需的详细建议中受益。几种模式的图表在图18-1和图18-2显示。

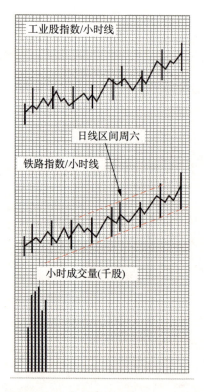

图18-1　两个指数的图表（小时线）

第18章 制图法

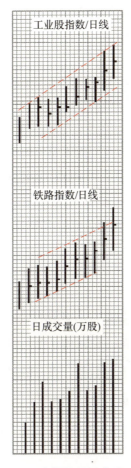

图18-2 两个指数的图表（日线）

用线段描述日线价格范围

为了精确观察一轮运动中的较小浪级的波浪，我们需要日线的价格波动（最高价和最低价范围）。道琼斯公司在1928年开始了这种最高价和最低价范围的记录。

为了突出价格的波动，图表涉及的空间单位比例推荐采用：

- 垂直的1/4英寸对应工业价格平均指数的1个点。
- 垂直的1/2英寸对应铁路价格平均指数的1个点。

- 垂直的 1/2 英寸对应公用事业价格平均指数的 1 个点。

这样的空间单位比例在图表上有助于精确表达。

1/4 英寸的刻度细分为 5 等份，因此可以为日线（最高点与最低点）和小时线（最高点与最低点）精确定位。

相似地，在这种模式的图表上，每日之间的空间单位比例也非常重要。当图表上的每一根垂直线都被占用而不是每隔一根的话，其结果就是价格线段相互之间就太拥挤了，以至于不能轻松地看图。不要给假日和星期日留下任何空间。

小时线的记录

相同精度的刻度和形式也推荐用来进行小时线的记录。水平的 1/4 英寸是 5 个小时，或是一个最小的方格对应 1 个小时。不要给星期六的后 2 个小时留下任何空间。不要显示开盘数据。当日的最高点和最低点的范围将在每个交易时段的最后 1 小时结束后显示出来。

所有的这些推荐都在图 18-1 和图 18-2 中有描述。

制图纸

不要以丧失清晰的代价去节约制图纸。当出现一轮运动在一张纸上开始而在另外一张纸上结束的情况，清晰度就会受到影响；当一轮运动在一张纸的顶部中止并在另外一张纸的底部再次开始时也会这样。

使用柯菲尔和艾瑟（Keuffel & Esser）生产的制图纸会使波浪的判读变得更清楚。这种制图纸由他们自己和大型文具店销售。制图纸的规格如下：

- 20 英寸宽的卷筒纸；
- 8.5 英寸 ×11 英寸；

- 10英寸 ×15英寸。

上述三种规格的制图纸有两种类型的重量可以提供。

建议使用10英寸 ×15英寸规格的制图纸，并且一张纸上不要绘制两个以上的平均指数。例如：在一张10英寸 ×15英寸规格的制图纸上可以显示工业价格平均指数的日线价格范围和日成交量，在另外一张10英寸 ×15英寸规格的制图纸上可以是铁路价格平均指数和工业价格平均指数的日线价格范围。另外两张10英寸 ×15英寸规格的制图纸，一张用于工业价格平均指数的小时记录和整个市场的小时成交量，另外一张用来记录铁路价格平均指数和公用事业平均指数的小时记录。整个程序一共需要4张制图纸。

同样的推荐也适合在个股与商品上使用。只有一点除外，在制图纸上要用1/4替代1/5进行细分。参看图18-1和图18-2。

周线价格范围

周线价格范围要采用最大规格的制图纸类型绘制，以便能覆盖较长的时期。一个循环使用一张纸。

月线价格范围

月线价格范围，尤其是平均指数和股票板块，对于观察完整的循环非常重要。

图6-19和图6-20证明了日线在提前确定周线的模式和范围上的价值。同样，周线也有助于确定月线的模式和范围；月线将有助于确定所有循环的范围。

同样地，月线有助于观察月线级别的时间周期和波浪比例。

在下面的图形中，垂直的单位比例是工业价格平均指数的1个点对应

1/4英寸；铁路价格平均指数和公用事业平均指数是1个点对应1/2英寸。

工业价格平均指数周线价格范围可以缩小到2个点对应1/4英寸；铁路价格平均指数和公用事业平均指数1个点对应1/4英寸。

月线价格范围的记录可以进一步缩小。

用于工业股的制图纸样品如图18-3所示。

在真实的制图纸上交叉的尺度线为淡绿色，图表中用黑墨水绘制的模式在淡绿色的背景上非常有利于波浪的解读。

图18-3　制图纸样品的示例

◎ **精华笔记**

1. 这里介绍了古典时代的四种技术分析图表。这些图表我们既可以在制图纸上绘制，也可以在交易软件中显示。它们既可以用于分析道琼斯指数，也可以用来分析其他交易品种，例如A股、外汇、期货等。

（1）**日线图表**。一种仅包含每个交易日的最高价和最低价信息的图表，如图18-4所示。

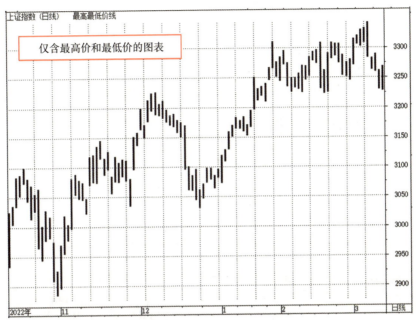

图18-4 使用最高价和最低价的日线图表（上证指数）

图18-4为采样了上证指数在2022年底至2023年初的日线数据制作的仅包含最高价和最低价的日线图表。这种图表也被称为杆状图。

图18-5所示为采样了道琼斯工业平均指数在2023年底至2024年初的日线数据制作的两种不同的日线图表。下面是与图18-4类似的图表，在每个时间刻度上只包含最高价和最低价。上面是常见的K线图，在每个时间刻度上是由开盘价、最高价、最低价和收盘价产生的K线。

对照图18-2，还可以在日线图表上增加收盘价。在图18-4的基础上，还原图18-2，在副图增加显示成交量的图表，如图18-6所示。

对比图18-4、图18-5和图18-6，当我们学习某个技术理论时，既可以在个人常用的技术图表（如K线图）上分析，也可以尽量还原作者使用的图表，以期更好地理解作者的技术思路与哲学理念。

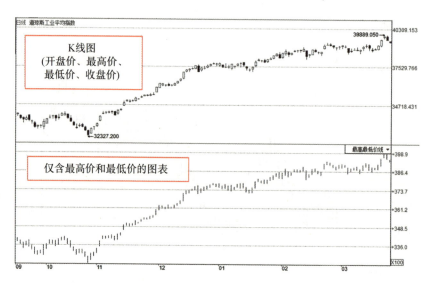

图18-5 杆状图与K线图的对比（道琼斯工业价格平均指数）

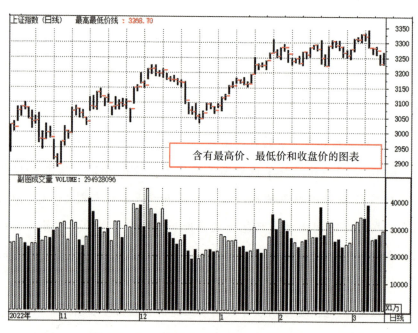

图18-6 使用最高价、最低价和收盘价的日线图表（上证指数）

（2）**小时线图表**。艾略特先生使用的小时线图表，包含了每个小时的收盘价，以及每个交易日的最高价、最低价和收盘价信息，如图18-7所示。参照图18-1，图18-7的上面是上证指数的价格图表，下面是成交量的图表。

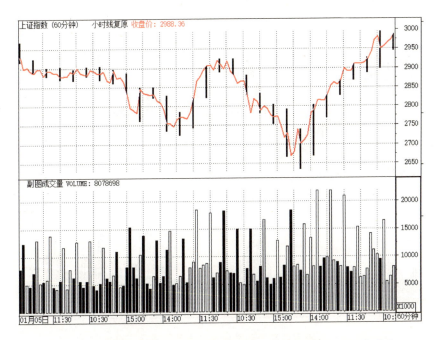

图18-7　使用最高价、最低价和收盘价的小时线图表（上证指数）

（3）**周线图表和月线图表**。随着时间周期的扩大，制图纸上的单位空间对应的价范围也应该增加。

以工业价格平均指数为例，文中提到，在日线图表上，"垂直的1/4英寸对应1个点"；而在周线图表上，"缩小到2个点对应1/4英寸"；"月线价格范围的记录可以进一步缩小"。

使用炒股软件制图时，单位格子对应的数据大小由软件自动生成。例如图18-6和图18-7，图中的上半部分都是上证指数的价格图表，纵坐标的每个虚线格子对应了50点。

图18-8所示为上证指数自2017年初起的周线图，图18-9所示为上证指数自2017年初起的月线图。这两张图表纵坐标的每个虚线格子对应了200点。

图18-8中的框线走势对应了图18-9中的框线区间，对比这两张图

可以更好地理解月线的模式和范围。

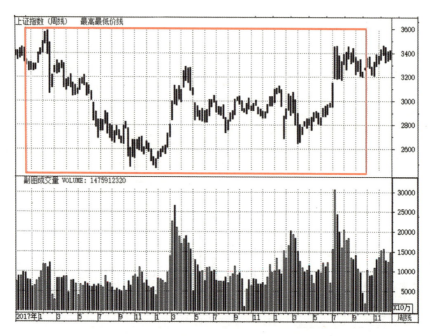

图18-8 使用最高价和最低价的周线图表（上证指数）

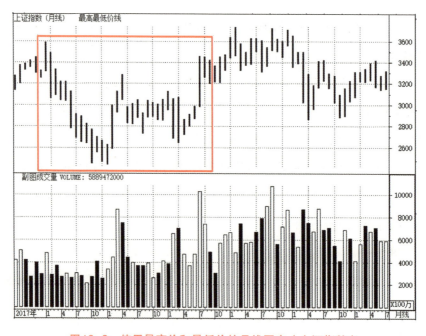

图18-9 使用最高价和最低价的月线图表（上证指数）

2. 在艾略特先生所处的时代,道琼斯工业价格平均指数有50年左右的数据,而该指数至今已经有100多年的历史。当我们想查看历史以来的宏观走势时,可以设定图表的时间周期为年线,上面的图表使用半对数刻度,如图18-10所示。相邻横线之间的空间距离,大约是道琼斯工业价格指数的15000点。

图18-10中的辅助线竖线对应1946年。图中还作出了13年的三角形的两条辅助线。当我们把观察市场的视角放大时,可以看到这13年的三角形也近乎沧海一粟。

另外,道琼斯公司是自1928年开始提供成交量的数据。通过图18-10还可以发现,随着市场的不断发展,成交量整体上会越来越大,虽然期间仍会有一些年份成交量巨幅降低。

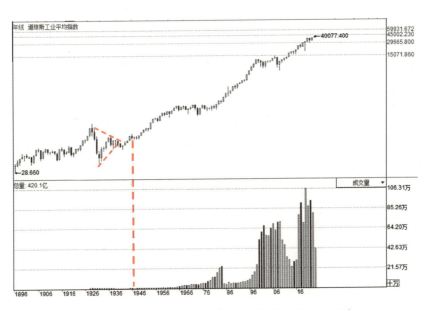

图18-10 道琼斯工业价格平均指数(1896—2024)

3. 还可以在图18-1的原理基础上,综合K线图来制作个性化的15分钟图表。如图18-11所示为用于研究的个性化图表。

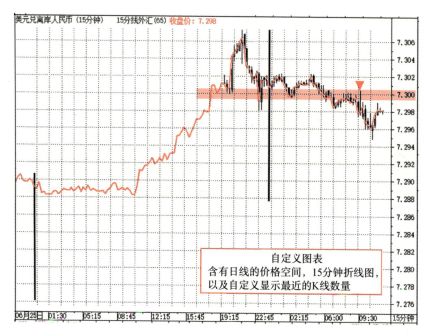

图18-11 制作个性化的图表（USDCNH美元兑离岸人民币）

总的来说，制图法这一章粗看可能让人感觉都是落伍的、过时的知识，而实际上，它对于理解了制图原理与技术分析原理的投资者来说，是很具有参考价值的。

人们总说，利用波浪理论画出的波浪是"千人千浪"。在使用了通达信公式之后，投资者可以实现"千人千图表"，在个性化的图表上寻找适合自己投资风格的交易机会。

第 19 章
投资的时机

19

◎ 导读笔记

1. 19 章和 20 章给出了指导实际投资的大框架。

2. 第一重要的是选择进场和离场的大致时间。然后分别以债券、股票的长期投资为例进行说明。

- - - - - - - -

时间是宇宙的基本要素之一。

我们把一年的时间分为四季：春季、夏季、秋季和冬季。

我们认识到白天是活动的时间，夜晚是放松和休息的时间。

就投资而言，**时机**是最基本的要素。**买什么**很重要，但**何时买**更重要。

投资市场本身逐渐预言着它们自身的未来。通过观察**波浪**的模式，并对这些模式的开始和结束进行明确的结论性分析，就能预测市场的下一轮运动。

自然法则包括了所有要素中最重要的——**时机**。自然法则不是市场游戏中的一套体系或是方法，而是所有人类活动进行中呈现出过程标记的一种现象。它在预测中的应用是革命性的。

如果某人在 1932 年 1 月投资 1000 美元购买长期政府债券，并于 1939 年 6 月售出，在这 89 个月的时间里，将总共获得 500 美元的利润（包括利息和增值部分），这是 89 个月的结果。1932 年 1 月，政府债券的市值收益率是 4%；而在 1939 年 6 月，收益率仅仅为 2%。

在股市中，在 1932 年 7 月投资 1000 美元，除去股票的红利外，这笔投资到 1937 年 3 月就增值到了大约 5000 美元。这种表述基于最流行的平均指数变动的百分比。

精确预言的重要性导致统计学应用的大幅增加。把 50 年前报纸中的文章与现在的对比，就会明白这一点。人们花费数以百万计的美元以寻找一种令人满意的预测方法，但是如果没有意识到市场行为的特性是预期而不是追随，那么在预测方法的探索中就不会获得成功。

第 20 章
交易品种的选择

20

◉ **导读笔记**

1. 第二重要的是选择具体的股票,即交易品种。

2. 选股的基本原理主要包含这几个方面:波动与收益、牛市的顶部、熊市、先前的交易经验、不活跃的股票、内幕消息,以及股票的生命周期。

· · · · · · · · ·

在第 19 章中,我们证明了**时机**是股票交易中最重要的因素,也就是**何时**买进或是卖出。第二重要的因素就是交易**哪种**股票。

作为挑选交易有价证券(无论是股票还是债券)品种的指南,以下的基本原理要牢记在心里。

波动与收益:任何有价证券的市值波动都远远大于它们的收益率。因此,首先要考虑的就是在价格波动中,本金的保值与增值。

牛市的顶部:在牛市中,55 只标准统计列表的股票中的每一个板块在不同的时间形成顶部,这个过程像打开一把扇子。牛市是指那些在大约 2 年内发展出来的 5 个大浪的市场。在这个期间,由于受到循环力量的驱动,几个板块的运动非常一致。

熊市:通常,熊市持续的时间要比前一轮的牛市长。1929—1932 年,在剧烈而持续时间很短的下跌过程中,即使是非常好的股票和债券也跟低等级的股票和债券一样,在不顾它们真实价值的情况下,不得不被套现。许多交易者获得了错误的认识,以为在所有的熊市都会重复这样的情形。研究表明,要等许多年后才可以期待出现这样剧烈的下跌。熊市最终底部是显而易见的,几乎所有的板块都会接近底部。这与牛市的顶部正好相反。在熊市中,强势的领涨者很少出现,尤其是在反弹的过程中。熊市摆动期间,整个市场以及几个板块对出现的事件和外部因素更加敏感。在 1939 年 1 月 26 日至 7 月 28 日期间,伦敦工业股指数形成了一个三角形。

先前的交易经验:很多交易者因为先前不愉快的经历而对特定的股票存

有偏见。如果纵容这种情形继续发展，交易者到最后会发现没有任何一个品种值得交易。

不活跃的股票：交易时应当回避经常或是间或不活跃的股票，原因在于波浪得不到记录。不活跃清楚地表明，该股要么没有经过彻底的派发，要么是已经到达了充分的成熟阶段。

内幕消息：内幕消息通常来自善意的朋友并指向不活跃或是低价的股票。最好是只交易总是活跃的股票。

股票的年龄：股票的生命通常分为三个阶段。

（1）第一个阶段是年轻阶段，或是实验阶段。交易中要回避这个阶段的股票，因为它们还没有完全成熟。

（2）第二个阶段是创造性阶段。进入这个类别的股票已经获得了健康的发展，如果它们会经过彻底的熟成，就能成为了令人满意的交易品种。

（3）第三阶段是成熟阶段，代表着经过彻底的发展。红利可能一直都很可靠，但是股价的波动狭窄。由于这些原因，这类股票成为了证券组合中的品种。从交易的角度看，这类股票的吸引力很小。

前面建议的总结

当一种可靠的平均指数的模式变得有利时，应当遵循以下建议。

选择与该指数表现一致的板块。

选择与这些板块运动一致的股票。

永远要挑选那些经常活跃、价格适中、熟成阶段的领涨股。

分散资金：也就是把金额大致相等的资金投入到 5～10 只股票中，每个板块不要超过一只股票。例如：

通用汽车（General Motors）

美国钢铁（U. S. Steel）

联合航空（United Aircraft）

纽约中央铁路（New York Central）

美国橡胶（U. S. Rubber）

爱迪生联合电气（Con. Edison.）

◉ 精华笔记

在艾略特先生给出的几大选股原理中，首先要考虑的是本金的安全。高波动性会带来更大的赢利空间，但伴随的风险更需要投资者抱持谨慎的态度。

其次，投资之前要分析市场所处的大环境，当下是处于牛市还是熊市。牛市和熊市的持续时间是不同的，并且交易是否有利可图的机会数量也不同。

然后，在进行交易时，注意回避以下几点。

（1）不要受到之前交易的影响。

（2）回避不活跃的股票。

（3）不要依据"内幕消息"做交易。

最后，依据个股所处的生命周期挑选股票。

（1）回避实验阶段的个股。

（2）重点挑选处于创造性阶段的股票。

（3）成熟阶段的股票适合投资，不宜投机。依据个人投资偏好作选择。

总的来说，艾略特先生认为选股是一个"从大到小"的过程，先看市场环境，再选板块，然后再挑个股。

个股的标准也很明确：活跃、价格适当、处于熟成中、领涨股。

牢记"不要把鸡蛋放在同一个篮子里"。

第 21 章
金字塔的符号,以及它们是如何被发现的

21

◉ 导读笔记

1. 艾略特先生对个人的发现进行总结。

2. 鉴于当时的制图员使用的比例测量工具既昂贵又专业，艾略特先生设计了一个简易版的手持替代品，只保留了测量61.8%的黄金比例。

• • • • • • •

经"兰顿基金会"的允许，我从兰顿先生撰写的《麦基·洗德的预言》一书中的134—135页引用3个段落。

围绕金字塔底座的总距离是36524.22金字塔英尺（Pyramid feet）。这正好是365.2422（我们太阳历中一年的天数）的100倍。

金字塔的设计高度是5813.02英尺（feet）。

这些神秘的智者确定了测量数量、时间、重量，以及长度、面积和体积的方法。由于所有这些都基于这个正方形的边长，并且这个边长来源于一个周长等于太阳历天数的圆；而且地球围绕太阳旋转的时间是永恒不变的，因此这些神秘者创造出了唯一一种永远准确和相同的测量方法。

在确定吉萨大金字塔底座的周长之后，调查者就会搜寻与之相一致的某种已知事实。在这个例子中就是一年中的天数，精确到小数点后两位。换句话说，两个事实联系在一起就建立了这种符号的用途，并据此可以用来进行预测。

我发现了人类活动的节奏，后来知道这种节奏存在于大金字塔上的符号中。埃及学家没有识别出这种符号，因为他们并没有意识到自然和人类活动中的这种节奏。

这种符号的意义在第1章和第2章中已经描述过，并在第8章到第14章得到了证明。

我对金字塔符号的意义有以下贡献，按照命名顺序。

（1）发现了波浪的模式、浪级和数目。

（2）发现了以下的关联性：

① 斐波纳契加法数列；

② 汉姆毕格（Hambidge）的发现在艺术和植物学中的应用；

③ 毕达哥拉斯和他的神秘图形。

（3）吉萨大金字塔所有角度的图形。

（4）金字塔垂直高度这个数字的关联性——5813英尺（这个数字由斐波纳契加法数列的三个基础数5、8和13组成），垂直高度与金字塔底边的比率关系。

（5）在人类活动的很多领域应用（斐波纳契）加法数列。

比例尺[①]

制图员使用一种名为"比例规"的仪器。它的支点可以移动以便获得任何一种比例。这种仪器非常昂贵，并且现在也很难获得。我因此设计了一种固定比例的手持替代品。使用时不需要计算，无论是幅度还是时间，在任何两种运动之间的比例都是61.8%。我在收到25美分的支票、汇款、硬币或是邮票后就会寄出一个。

R. N. 艾略特

华尔街63号

纽约州纽约市

---

① 译者注：比例尺是艾略特先生为交易员设计的一款测算辅助工具。

第 22 章
运动规律

22

◎ 导读笔记

1. 从股市的运动规律扩展到思考所有运动的规律，包括大自然和人类活动。
2. 大自然的运动规律呈现出三种类型的循环。

注意力已经主要指向了股市循环的节奏，因为它们非常显著。每一种运动——从车轮到行星，都是循环的。所有的循环都能细分，也就是有级别，因此有助于在它们运行时进行测量。

行星以各自特定的速度在轨道上运行。地球围绕地轴每24小时旋转一周，并区分出白天和夜晚；它每年绕太阳一周，因此划分出四季。天文仪器可以向后或是向前，以便在任何时间（过去、现在和将来）显示出各个行星和它们的卫星的相对位置与运动。

要素： 一些要素永远也不会改变它们的模式。例如，水一直遵从完整的循环。太阳照射到洋面上导致水的蒸发；气流带着水蒸气运动；直到遇到丘陵或是高山的冷空气，水蒸气凝结；重力把水带回地球并再次回归大海。

无论大小，各个国家经历着政治、文化和经济的循环。

人类生活： 人类生活的模式也可从群体行为中观察到，例如从城市中迁入与迁出、平均年龄、出生率，等等。

人类活动： 图22-1证明了不能依据一种人类活动来预测另外一种人类活动。因此，每种要素的模式都必须通过各自的波浪单独分析，而不能使用外部的要素。在1939年到1942年4月期间，股市滞后于商业的现象引发了很多讨论，但是没有任何定论。有一种观点是，在20世纪20年代的8年膨胀导致了持续到1942年的13年三角形。

图22-4显示的温度图形非常重要。温度与人类活动无关，然而在110年间的循环波浪形成了一个完美的5浪上升模式。

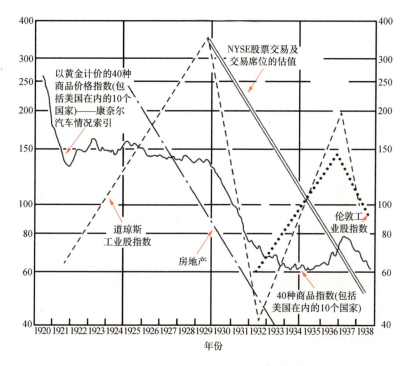

图22-1　不同人类活动的图表分析

很多项目的波峰和波谷之间的周期,如流行病、山猫皮的产量、黄褐天幕毛虫、三文鱼的洄游等,都非常一致。

在人类的活动中,循环并没有统一的间隔。它们遵循与斐波纳契加法数列相符合的波浪模式(图22-2 和图22-3)。

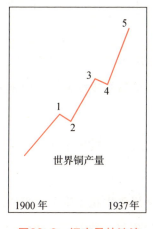

图22-2　铜产量的波浪

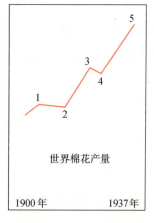

图22-3　棉花产量的波浪

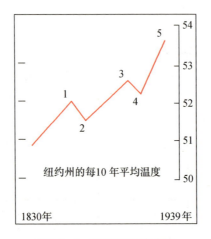

图22-4 平均温度的波浪

<u>动态对称是一种自然法则</u>,因此也就成为所有活动形态的基础。

字典对"循环"的定义如下:

一个时间周期;

一个完整的旋转或是环绕;

一种螺旋状的叶子结构;

一系列的自我重复。

自从发现地球是圆的以来,循环就成为了很多研究的主题。这里有<u>三种类别的循环</u>。

(1)最高点与最低点的统一性周期。例如白天和夜晚、一年中的四季、流行病、气候、昆虫群体等。

(2)周期性波动的出现。在一些例子中是由天文方面的因素导致的。

(3)模式、时间和比率。与13世纪意大利的数学家斐波纳契发现的加法数列一致。

牛津大学亚瑟·H.丘奇教授的一本名为《叶序与机械定律的关系》的小册子非常有趣。

叶序是指植物叶片的排列。杰伊·汉姆毕格先生花了很多年来研究各种记录,并且是《动态对称的实际应用》一书的作者。其中一章的标题是"叶序定律",书中 27～28 页在本书的第 2 章进行了引用。

伊利诺伊大学的病理学教授威廉·F.佩尔森先生是《病人与气候》这本非常重要和有趣的图书的作者。书中有疾病发展的图形,其模式与其他任何活动,包括股市,恰好一致。

◎ 精华笔记

1. 为了说明不同的人类活动之间不一定存在关联性,图 22-1 将多种不同的人类活动的图形叠加在同一个时间轴上。其中包含了图 15-1(X)的伦敦工业股指数的图形,以及图 15-1(Y)的道琼斯工业价格平均指数的图形。

2. 在炒股软件中也可以将多个不同的图表叠加在一起观察。如果希望从自定义起点开始,观察不同品种的相对变化,可以使用百分比坐标,如图 22-5 所示。在美元兑离岸人民币的 K 线图表上,叠加了上证指数和科创芯片指数的 K 线。

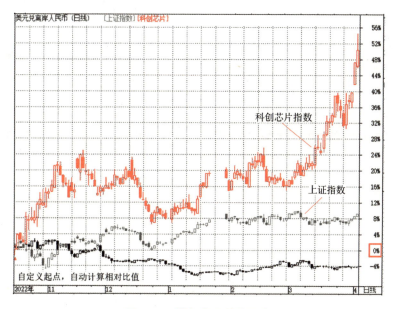

图22-5 叠加多品种的图表

3. 为了说明不同的活动各自会呈现出自己的模式,图 22-2、图 22-3 和图 22-4 使用了不同的数据,但是都画出了 5 浪结构的图形。特别是,图 22-4 并不属于人类活动,它的纵坐标使用了华氏温度,将其转换为摄氏温度的计算公式如下:

$$摄氏温度 = \frac{华氏温度 - 32}{1.8}$$

在炒股软件中也可以参考图 22-2、图 22-3 和图 22-4,将不同品种的图表排列在一起,如图 22-6 所示。左侧为上证指数的月线图,中间为深证成指的月线图,右侧为恒生指数的月线图。起点设在 2014 年 1 月。

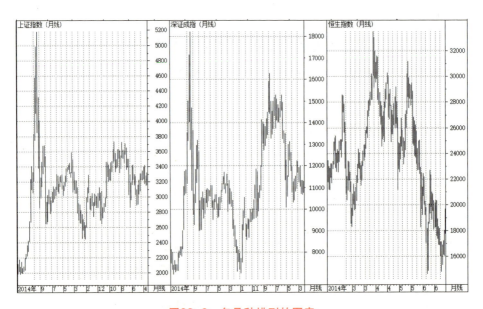

图22-6　多品种排列的图表

第23章
大萧条

23

◉ 导读笔记

从自然法则的角度论述"大萧条"的表达不妥。

· · · · · · · · ·

在与股市有关的范围内,"大萧条"这种习以为常的表达是一种错误的方式。1929—1932 年的股市下跌是先前上涨的调整,正如图 10-1、图 10-2 和图 14-1 显示的那样。字典把"萧条"定义为"低于正常水平"。科罗拉多的大峡谷是一种"萧条",因为它远低于"正常的水平下方",每一边都有数英里之远。可以这样说,从落基山脉的顶部到太平洋是一种"调整",但不是"萧条",尽管事实上太平洋要比落基山脉的底部低很多。没有一种像股市中的"萧条"这样的事物。如果有,就可以认为从落基山脉到太平洋是一种"萧条"的说法是正确的了。有很多原因导致这种错误的说法。

对股市毫无兴趣的普通公众,在 1921—1929 年期间可能非常享受并习惯了持续就业。自然,他们会假定这是一种正常状态。当 1929—1932 年的下跌导致很多人发现自己很难做到收支平衡时,自然就会认为这是一种"萧条"。

在 1921—1929 年股市上涨期间,交易者被告知,我们进入了"新纪元""永远不会有下跌""继续前进"等。很多习惯做法是"可怕,但是合法"的。

很多政客要对"萧条"这个词汇的错误使用承担责任。在 1929—1932 年股市下跌的**早期**阶段,一些人鼓吹繁荣"即将来临",当时的总统是胡佛先生。在 1932 年的总统选举期间,民主党用"萧条"谴责共和党与胡佛先生。1932 年、1936 年和 1940 年的选举结果证明,多数的选民相信新政。共和党指责新政导致了 1937—1942 年的下跌。这些虚伪的政治谎言,无论是由共和党还是民主党发起的,都在图 10-1、图 11-1、图 11-3、图 11-4 和图 14-1 中被验证了。

第23章 大萧条

很多服务机构和报纸的财经评论员，固执地讨论着发生的时事究竟是上涨还是下跌的原因。由于把一个东西套在另外一个东西上是一件非常简单的事情，他们就把时事新闻和市场行为联系起来。如果没有出现什么消息，市场波动就会被他们说成是"技术性"行为。这个特征我们已经在第17章中讨论过了。时常会有一些重大事件发生。如果伦敦股市下跌而纽约股市上涨，或者是反过来，评论员就会迷惑。伯纳德·巴鲁克先生（Mr. Bernard Baruch）最近说过这样一句话，"**无论做了什么或是没有做什么**"，繁荣都将与我们相伴几年。请把这句话想清楚。

股市从来没有"萧条"——它仅仅是调整了先前的上涨。一个循环的作用与反作用。在"黑暗时代"，世界被认为是"平"的，我们总是固执地停留在相似的错觉中。

第 24 章
个体的情绪循环

24

艾略特波浪理论：精华笔记图文版

◉ 导读笔记

引用科学家对个体情绪循环的研究成果，说明斐波纳契加法数列中的数字与循环的周期有一定的关系。

- - - - - - -

人类活动中的"大众心理"循环在其他页的图形中已经被证明。一位科学家现在公布了他对个体情绪循环的研究。在1945年11月出版的《红书》杂志刊载了马龙·斯登先生撰写的一篇文章，在文章中他报道了一位科学家——雷克斯福德·B.赫西博士17年多的研究成果。麦科考出版公司允许我引用这篇文章。在最后的段落中提到特定数字的时候，我在这些数字上使用了下划线。

赫西博士，一位获得罗氏奖金的学者，是西弗吉尼亚州大学和柏林大学的毕业生。

赫西博士撰写过一本关于他自己的发现的书，这本名为《在商店和家里的工人的情绪》的图书在1933年由宾夕法尼亚大学出版。宾州铁路公司富有远见的行政管理人员对赫西的工作提供了支持。

赫西博士访问了德国。他发现德国工人的反应与美国工人一样。

人类情绪周期性地上升与下降已经得到了赫西博士的证实，他对此观察和研究已经超过了17年。他的研究表明，对于我们所有的人，情绪高涨与情绪低落依次有规律地出现，如同潮汐一样可靠。

他发现，在针对每个人的所有测试中，几周之后，都会出现相当有规律的模式。

赫西博士的图表显示，大约每隔5周他就变成更加挑剔。

你理所当然地认为，一连串的坏运气会马上让你走下坡路，除非你自己发挥坚强的意志力。另外，好消息会让你到达世界的巅峰。现在科学告诉你这是错误的。如果你精力充沛并且热情高涨,好消息就会把你举得更高;如果你正郁郁不乐地苦捱"忧郁的星期一",好消息可能起到临时的帮助,仅此而已。

人类的情绪通常以 33～36 天的间隔规律地上升和下降。

这些因素的上升和下降与股市图表类似。

血液的黏稠度的循环大约是 56 天。

甲状腺分泌决定了总的情绪循环,通常从低到高并返回的过程在 4～5 周的时间。

甲状腺亢进的患者,情绪循环可能缩短到 3 周。

男人和女人的循环长度看起来没有什么不同。

斐波纳契加法数列中包括了数字 3、5、34 和 55。时间循环并不总是很精确。因此,当周期在"33～36"时,基本的周期就是"34",多点儿或是少点儿。基本周期数是"55"的话,就包括了"56"。

第25章
毕达哥拉斯

25

◎ 导读笔记

对第2章提及的毕达哥拉斯进行深入探讨。

• • • • • • • •

生活在公元前5世纪的毕达哥拉斯是一位伟大人物,在历史上留下了罕见的影响。我敦促读者阅读一下《大英百科全书》中关于他活动的记录。他是一位探索其他事物的坚定研究者。他游历过埃及,也就是经常提到的"文明的发源地"。

毕达哥拉斯主要是以在数学上的研究而闻名。就我所看到的范围内,他最重要的发现已经被忽略。他绘制过一个三角形,并在下面放置了一个神秘的标题——"宇宙的奥秘"。这个特性我们已经在第2章中广泛讨论过了。

1945年,毕达哥拉斯协会的主席,哲学博士约翰·H.玛纳斯先生写过一本名为"解开生命的奥秘"的书。他在书中公开了毕达哥拉斯的一幅画。我经过加利福尼亚州洛杉矶市的哲学研究会的负责人曼利·P.豪先生的允许,复制了这幅画。这幅画即图25-4。

在这幅画中有很多符号,但是我们把注意力集中在两个项目上:

(1)毕达哥拉斯右手托着的金字塔;

(2)画右下角的3个正方形。

这个金字塔代表着吉萨大金字塔,它很有可能是公元前1000年修建的,尽管有些研究者认为它比这还要古老得多。这个金字塔是"世界七大奇迹"之一。测量的精确以及要把巨大的大理石安放到位是非同寻常的。然而,这些特性与用符号表达的知识相比就不重要了。这也许正是《圣经》中一个段落所指的。《圣经》的段落是这样的:

当那日,在埃及地中必有为耶和华筑的一座坛;在埃及的边界上必有为耶和华立的一根柱。

以赛亚书 19∶19

第25章 毕达哥拉斯

在第 2 章中有这个金字塔不同视角的图形。为了方便参考，一个侧面视图（图 25-1）在下面重新给出。

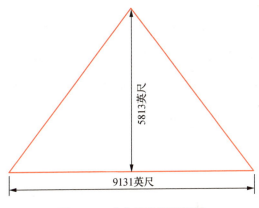

图25-1　金字塔的侧面数据

一个侧面的底边为 9131 英尺（精确的就是 9131.055 英尺），4 个侧面底边的长度就是 36524.22 英尺。这个符号的数字就是我们使用的太阳历一年的天数——365¼ 天。我们的日历年是 365 天，但是每隔 4 年就必须加上 1 天（2 月 29 日）。这就是"闰年"，4 年的总天数是 1461 天。

垂直高度（从底到顶）是 5813 英尺。一个侧面的底边是 9131 英尺。垂直高度与底边的比率为 63.6%。金字塔有 5 个面和 8 条边。5+8=13。注意垂直高度，5813 英尺——5、8 和 13。8 的 62.5% 是 5；13 的 61.5% 是 8。还要注意图 11-1 上的比率的应用。

数字 5、8 和 13 都基于加法数列。斐波纳契这位 13 世纪意大利的数学家，在游历埃及回国后，公开了如下数列：

1，2，3，5，8，13，21，34，55，89，144

在这个数列中，任何两个相邻的数相加，就等于下一个更大的数。例如，1+2=3；5+8=13。任何一个数与相邻的更大数的比率是 61.8%（或多或少）。任何一个数是其前第二个数的 2.618 倍（或多或少）。

在人类活动中，一个上涨运动是由 5 浪组成的——3 个上升浪和 2 个中间的调整浪。一个完整的循环由 5 个向上的浪和 3 个向下的浪组成，一共是 8 个浪。在所有的浪级中都是这样，无论是小浪、中浪还是大浪（参看图 4-1、图 4-2 和图 4-3）。

将毕达哥拉斯图中的右下方的图形（图 25-4）复制在了图 25-2。我把图中有阴影的方格标上了数字。右上方的正方形中有 5 个有阴影的方格；左上方的正方形中有 8 个有阴影的方格；下面的正方形中有 13 个有阴影的方格。这些数字与金字塔垂直高度的英尺数一致。

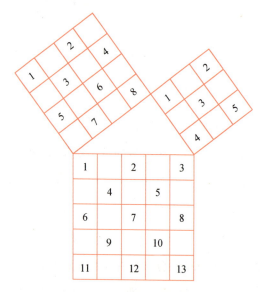

图25-2　毕达哥拉斯图中的数字

在图 25-3 描绘了（与图 25-2）相同的 3 个正方形，我用粗实线画出了（下面的正方形中）无差别的正方形（小方格）。（3 个正方形）小方格现在用不同的方式标上数字，它们是：

1、2、3：　　　　　　　　　3 的平方等于 9

1、2、3、4：　　　　　　　　4 的平方等于 16

1、2、3、4、5：　　　　　　 5 的平方等于 25

定理：直角三角形斜边的平方等于另外两条边的平方之和。在毕达哥拉斯的著作中，发现这种关于直角三角形的解答方式最为著名。

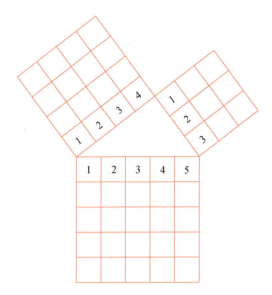

图25-3 正方形与直角三角形

现在回到斐波纳契数列 1 到 144。这些数字形成了毕达哥拉斯所提到的"宇宙的奥秘"。植物学中最佳的例子是向日葵,参见第 2 章中杰伊·汉姆毕格先生的描述。在人和动物的身体中,应用的数字是 3 和 5。

图 25-4 所示的毕达哥拉斯的画中,还有很多其他的符号,体现了一种理想化的概念。

图25-4 毕达哥拉斯的画像

第 26 章
杂项

26

◉ 导读笔记

将波浪理论应用于实战的一些注意事项。

· · · · · · · · · ·

重叠：复杂浪中的重叠值得仔细研究。这个特征在图6-13和图6-14中进行了图解。有时，"复杂"浪会发展成为"双重3浪"或是"三重3浪"，如图5-15和图5-16所示。

成交量的波浪：在一轮上涨中，浪5的成交量不会超过浪3的成交量——经常是少于。只要成交量增加，另外一轮上涨就必然出现，一直到新高出现时成交量不再增加。参看图26-1。注意：浪2的成交量要少于浪1的成交量，这是一种有利的标志。

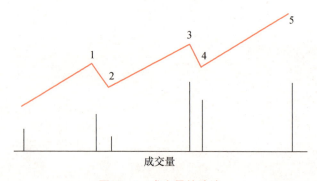

图26-1 成交量的波浪

圆："循环"这个词汇的意思是"圆"。有时这种特征会出现在股票的图形中。图26-2的圆被分成4部分：A、B、D和C。当一个图形环形向下（运动）时，如在"C"段，如果到达波浪数字的范围，那么向下的模式就已经完成了；就可以预期在这个底部，一个或是一系列的"3浪运动"就会展开，并且随后就会依据"D"段加速上涨。因此，整个画面的向上或是向下都类似"C"段和"D"段的结合。换句话说，也就是圆的下半部。

"A-B底"：第6章"调整浪的放大"一节的第1自然段有过描述。有时是由"双重3浪"组成，甚至是"三重3浪"，正如第5章"复杂的调整浪"

一节的描述。尤其是当一个圆形的底部形成时，参看图26-2。

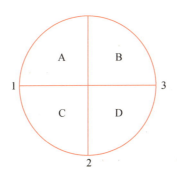

图26-2　波浪与循环

时事新闻：传统的观点认为时事影响市场，这个观点广为传播，甚至是被利用。如果时事要为波动负责，循环就不可能出现。一个人无论在何时想要相信"新闻"，我建议他认真回顾图11-1和图11-2中的模式和波浪比率，然后回忆一下这21年期间出现的无数次事件与观点。

个人情绪：如果你的家人、朋友、雇员、雇主、顾客等人惹恼了你，我建议重新看一下第23章。其他人与你一样，都有他们自己的循环。不要让自己的循环与别人的纠结在一起。

罢工：1945年末的罢工洪流是一个简单的摆动。从左到右，1到2再到3，如同图26-2一样。在劳工被组织起来之前（1906年前），有很多雇主，即使不是绝大部分，他们非常专制、残忍和无情地对待雇员、竞争者和公众。今天一些罢工者的行为并没有坏过早期管理者的行为。每一个民族、人类活动和个体都有自己的循环——有些长，有些短，取决于各自的类别和范围。

吉萨金字塔：在1945年12月3日的《生活》杂志上，刊载了一篇名为"大金字塔的建造"的文章，这篇文章非常有趣。贝尔·戈迪斯先生准备了不同建造阶段的模型，并展示了相关的图片。这个报告是为《大英百科全书》准备的。文章中说，建造大金字塔使用的材料总重量为327.7万吨；而全世界最高的建筑——帝国大厦使用的材料总重量仅仅为30.5万吨。

第 27 章
1942—1945 年的大牛市

27

◉ 导读笔记

市场在1942年结束了13年的三角形之后，开始了大牛市，艾略特先生对1942—1945年的大牛市运用波浪理论进行分析。

· · · · · · · ·

从1928年到1942年4月的道琼斯工业价格平均指数的13年三角形绘制在图11-4。正如图5-27描述的那样，三角形之后是"冲刺"。

在图27-1中绘制了道琼斯工业价格平均指数。每一根垂直线段代表了一个月的点数范围。大浪①很短，大浪③很长，（细分的）中浪用小写字母a、b、c、d和e标注。注意内部基线在b浪和d浪。

大浪④由3个中浪组成，从1943年7月到11月，用小写字母a、b和c标注。

大浪⑤从1943年11月到1945年12月10日，浪A和浪B历时5个月。在这个期间的日线价格范围和周线价格范围，所有的波浪都是由3个浪组成的。参看图6-19和图6-20。

从字母B到数字1，是中浪1，在日线上是由5个浪组成的。

中浪3是由5个浪组成，并用小写字母a、b、c、d和e（延展浪）标注。延展浪在浪1、浪3和浪5这三个驱动浪中不会超过1个，参看图6-1、图6-2和图6-3。中浪4和中浪2相同。

中浪5由5个周线价格范围的浪组成，并在1945年12月10日到达了196.59点，轻微超过了平行线。1945年12月10日之后，"不规则"顶在1946年2月4日到达了207.49点。参看第7章。

从1943年11月到1945年12月的大浪⑤，在模式上有一点不同寻常。在1943年11月到1945年8月期间，紧贴着基线而不是直接朝着平行线运行。造成这种异常现象的原因在于一批鲁莽的新投机者，他们的钱比经验多，并且喜欢低价股而不是流行指数所代表的成熟的证券。

第27章 1942—1945年的大牛市

为了克服这种异常,我设计了一种表现正常的专用指数。注意:大浪⑤并没紧贴"基线",而是从头到尾跟随着一条直线。

注意:在图27-1中的上面,工业价格平均指数在1945年12月10日记录了它的"正规顶"(OT)196.59点。在本书付印的时候,一个"不规则顶",浪B,正在形成的过程中。随后将会是浪"C",参看第7章。

我期待一个低于正常的熊市,如图12-2描述的那样。

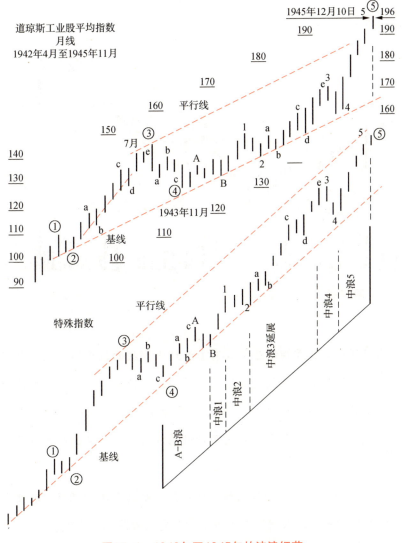

图27-1 1942年至1945年的波浪细节

◎ 精华笔记

图 27-1 中，在艾略特先生完成本书之前，波浪的模式还没走完。

在图 27-2 所示的 K 线图上观察这段走势。参照图 27-1 的波浪标记，在 K 线图中逐个进行标记。可以发现，艾略特先生所使用的标记符号很灵活，在第④浪之后还有浪 A 和浪 B。

图27-2　在K线图上学习标记波浪（1942—1945，算术刻度）

正规顶 OT 通常指的是第⑤浪上涨到平行线的位置附近，而当市场向上的动能很强时，后续还会继续上冲一段。此时，可以将图表改为半对数刻度继续观察，如图 27-3 所示。尽管没有完整复原图 27-1 下方的特殊指数，但是可以看到当采用半对数刻度后，第⑤浪的终点在平行线的内部。

图 27-2 和图 27-3 的波浪标记还原了艾略特先生的笔记，也便于读者理解为何后来的波浪研习者中有不少会自创波浪标记方式。

第27章　1942—1945年的大牛市

图27-3　在K线图上学习标记波浪（1942—1945年，半对数刻度）

回顾与总结

本书前面的图形显示的模式提供了一个有历史意义的美国轮廓。这个国家奇迹般地发展有很多原因。

（1）地理位置、形状和国界。

（2）纬度和气候。

（3）自然资源。

（4）禀赋和个体的创造力。

（5）民主的观念。

地理位置：一个正方形，两侧是大洋，两侧是友邻。

纬度和气候：温带和亚热带，因此适合农业。

自然资源：黄金、铁、煤炭、石油、木材和航道。

禀赋：1850—1929年专利的数目与价值是令人难以置信的。

注意第14章。专利申请的模式图形与股市的波浪在时间和模式上一致，它反过来反映了商业活动和大众心理。

政府的形式促进了个体的创造力。这并不意味着达到了完美，但使人联想到我们行进在正确的道路上。

图11-1描述的从1928年到1942年13年的三角形，通过参考图5-35和图5-36以及相应的文字描述，将会注意到，三角形总是出现在浪4，并且浪5会超过浪3的顶部。

图10-2是从1800年到1945年12月。从1800年到1857年的虚线是基于商业历史，因为在1857年之前没有股市记录可以使用。1928年11月是浪③的"正规"顶，从那里三角形开始了（浪④）。这个三角形（浪④）结束

后，1942年4月"冲刺"（浪⑤）开始。一轮"冲刺"（浪⑤）总是会超越浪③的顶部，在这个例子中，浪③的顶部在1928年11月。

从1921年到1928年11月的这轮运动由3个牛市和2个介于牛市之间的低于正常的熊市组成（参见图11-1）。迄今为止，1945年12月，一轮牛市已经记录下来了。因此，符合逻辑的是1942年之后的模式将类似1921—1928年期间的运动，即3个牛市和2个介于其中的低于正常的熊市。

道琼斯工业价格平均指数从1921年的64点开始，在1928年11月结束时为299点，也就是上涨了235个点。"冲刺"从1942年4月的93点开始。93点加上235点等于328点，也就是要比1928年11月结束的浪③高出29个点。参看图10-2。这轮"冲刺"可能持续8年的时间，在1950年结束，并与1921—1929年类似。

由于第二次世界大战的资金供应，公众手中有大量的货币，看起来（市场）要印证前面所说的情况。

与1921—1928年相比，现在的进程有不同的顺序。在1921—1928年期间，浪①是一个正常的牛市，并没有出现膨胀的痕迹。在1928年11月结束的浪⑤显而易见是膨胀的。

现在，从1942年到1945年的第一浪显示出了膨胀的特征。价值可疑的低价股以"蓝筹股"的形式率先急涨。每只股票从每股低于2美元开始，最高的上涨比率是13300%；最低的上涨比率为433%。这个板块的平均指数上涨了2776%。

参考文献

Pythagoras, Greek philosopher, 500 B. C. See Encyclopaedia Brittanica.

Fibonacci, Italian mathematician of the 13th century. Better known as Leonardo of Piza. His works Were published by Count N. Boncampagni, 1857—1862.

Dynamic Symmetry, by Jay Hambidge. Note appendix, pages 146/159.

The Greek Vase,
Practical Applications of Dynamic Symmetry. by Jay Hambidge. See pages 27/29.

The Law of Phyllotaxis,

Natures Harmonic Unity, by Samuel Coleman and C. Arthur Coan.

Proportional Form, by Samuel Coleman and C. Arthur Coan. See pages 34/35, also 149/155.

Curves of Light, by Thomas A. Cook.

The Human Situation, by Wm. Macniele Dixon. See pages 129/131.

Prophecies of Melchi–Zedik in The Great Pyramid, by Brown Landone.

Nuggets from King Solomon's Mine, by John Barnes Schmalz.

波浪理论提供三种服务[1]

1.《研判通讯》：在特定的时间出版，是为希望学习"宇宙的奥秘"的人准备的。商业管理人员可以学习预测生产力的波峰和波谷。

2.《预测通讯》：是当平均指数和个股进入重要的逆转期间时，提供给希望得到及时建议的人。

3. 为非订阅者提供的"信息"：邮寄一份有回信地址并贴上邮票的信封。你可以询问任何问题。我在款到后就会回答。这项新颖的服务满足了长久以来的需求。

纽约州（5）纽约市华尔街63号R.N.艾略特

通过股票图形研究你自己的股票

超过900种图表

最全的股市图表书

清晰和简洁

出色的识别性

方便的螺旋装订

对精度的仔细查证

6个图表1页——规则8.5英寸×11英寸（附图1）

---

[1] 译者注：艾略特先生在当时提供了三种服务，《研判通讯》和《预测通讯》是两款订阅期刊。此外，还为非订阅者提供答疑。

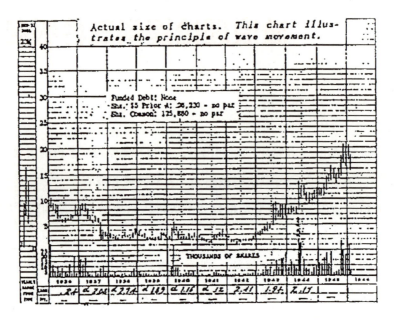

附图1　艾略特提供的图表示例

你将收到的是什么

- 纽约证券交易所和纽约场外交易所每一种活跃股的实际图表与统计数据

- 依据字母顺序的分类索引

- 从1936年以来的收益和分红

- 过去10年来的月线最高点与最低点

- 1932—1935年年度最高点与最低点

- 每家公司的资本总额

- 特定重要股票的成交量

图书每2月出版更新1次

单独的1册（160页—920个图表）……………………10美元

全年的服务（6份修正的出版物）……………………50美元

所有订单的地址：F.W. 史蒂芬斯威廉街15号纽约市（5）HA 2-4848